百年永定 爱育辉煌

宋茂盛 主编

知识产权出版社
全国百佳图书出版单位

图书在版编目（CIP）数据

百年永定爱育辉煌/宋茂盛主编．—北京：知识产权出版社，2017.8
ISBN 978-7-5130-5029-6

Ⅰ.①百… Ⅱ.①宋… Ⅲ.①北京第二实验小学永定分校－校史 Ⅳ.①G629.281

中国版本图书馆CIP数据核字（2017）第172879号

内容提要

本书记载了北京第二实验小学永定分校走过的108个春秋，记录了永定地区教育事业的发展历程，展示了这所百年名校的奋斗足迹，不仅曾经鼓舞了无数的仁人志士，更为后人的发展与传承奠定了坚实的基础。了解历史，尊重历史，借鉴历史，百年永定教育事业将再创辉煌！

责任编辑：李　娟　　　　　　　　　责任出版：刘译文

百年永定　爱育辉煌
BAINIAN YONGDING AI YU HUIHUANG

宋茂盛　主编

出版发行	知识产权出版社有限责任公司	网　址	http://www.ipph.cn
			http://www.laichushu.com
电　话	010-82004826		
社　址	北京市海淀区气象路50号院	邮　编	100081
责编电话	010-82000860转8689	责编邮箱	66450355@qq.com
发行电话	010-82000860转8101/8029	发行传真	010-82000893/82003279
印　刷	三河市国英印务有限公司	经　销	各大网上书店、新华书店及相关专业书店
开　本	720mm×1000mm　1/16	印　张	15.5
版　次	2017年8月第1版	印　次	2017年8月第1次印刷
字　数	212千字	定　价	31.00元
ISBN 978-7-5130-5029-6			

出版权专有　侵权必究

如有印装质量问题，本社负责调换。

本书编委会

主　编　宋茂盛
副主编　陈宏兰　武福源　闫洪元
　　　　艾建华　石明庭　史文华
编委会　杜春菊　张一兵　杜海燕
　　　　李文华　张伯儒　王立功
　　　　王春丽　谭青秀　孙丽娟
　　　　宋玉玲　徐海英　张　华
　　　　李曙光

岁月篇

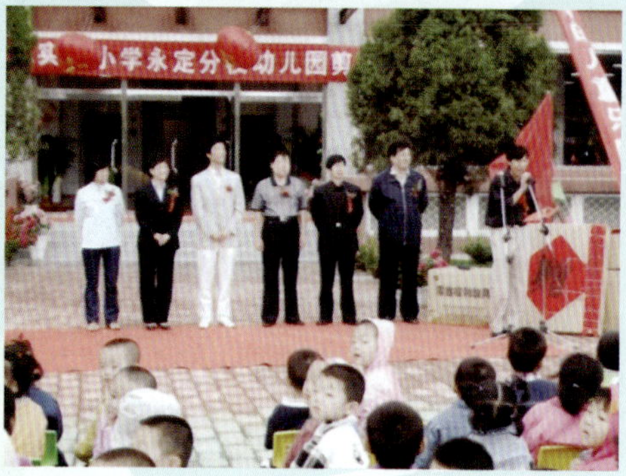
小学永定分 幼儿园剪

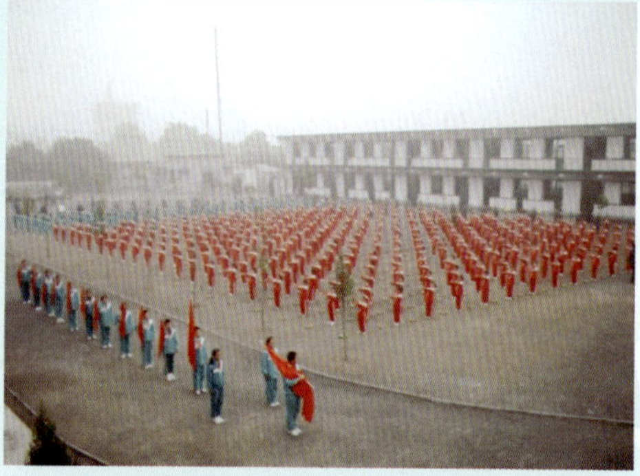

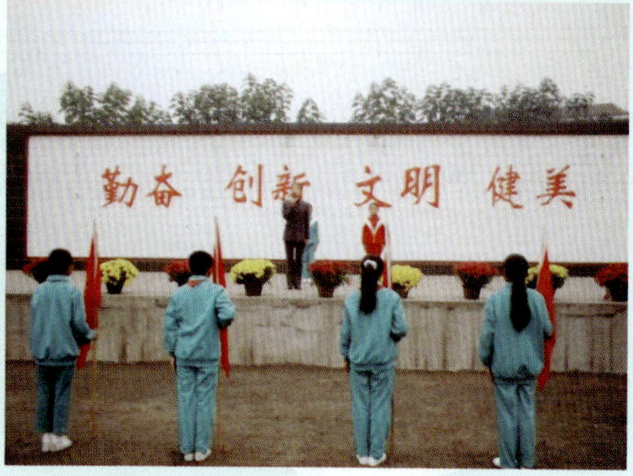
勤奋 创新 文明 健美

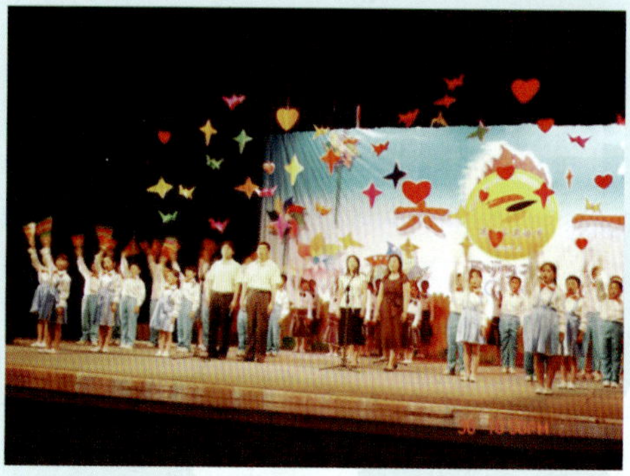

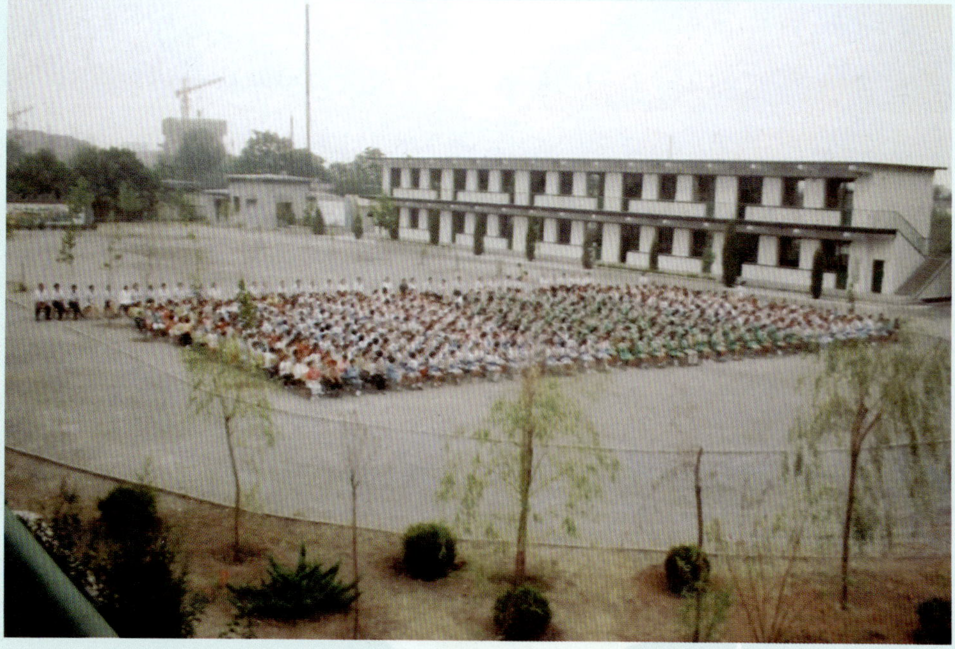

与诗人为伴
做有修养的中国人
游历史

北京第二实验小学永定分校

上岸小学喜迁新址剪

北京第二实验小学永定分校揭牌仪式

北京第二实验小学永定分校揭牌仪式

领航篇

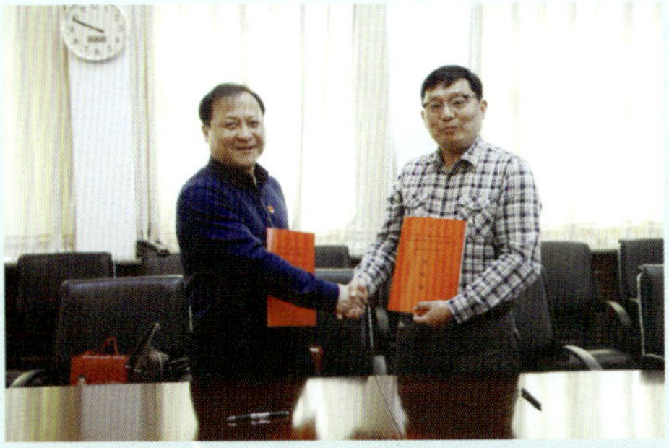

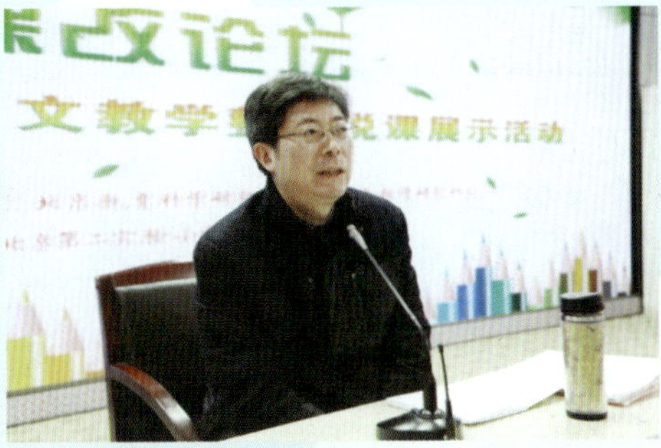
改论坛
文教学
说课展示活动

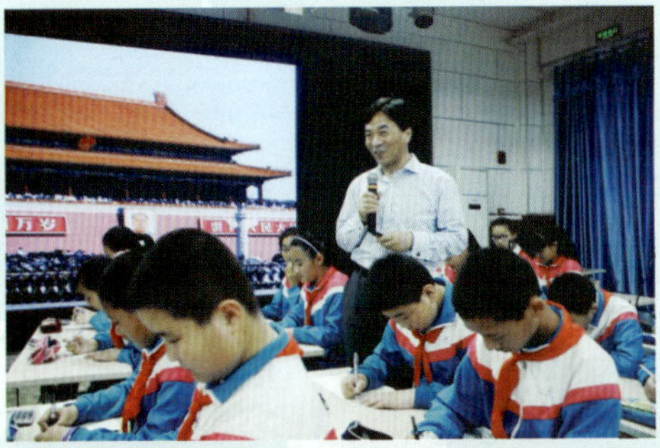

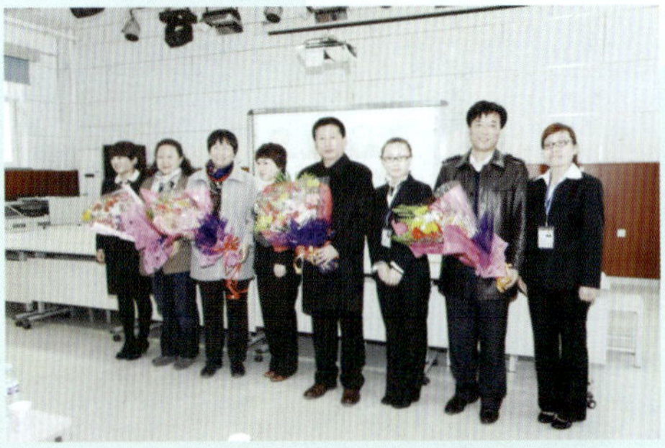

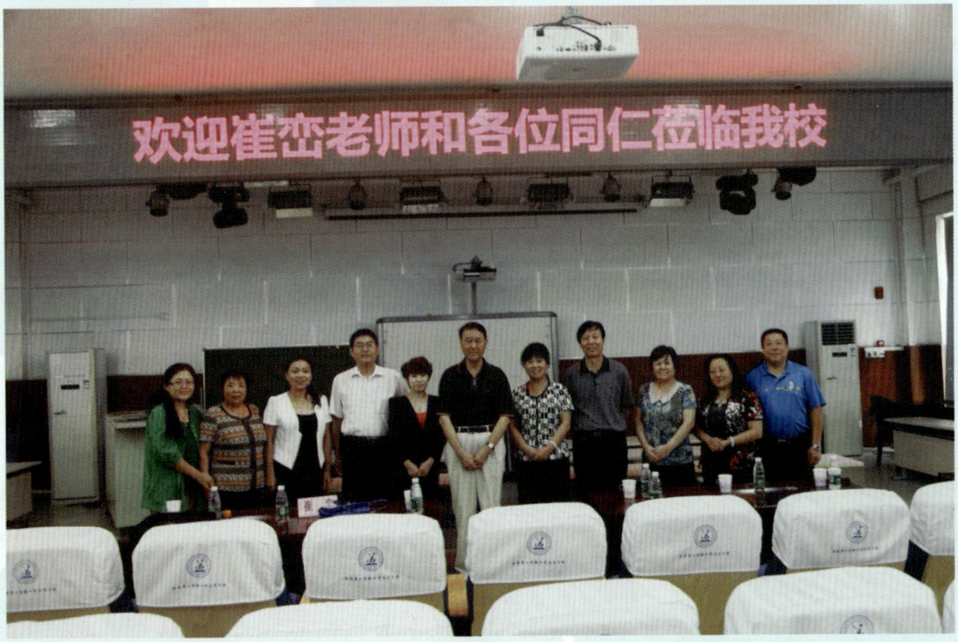
欢迎崔峦老师和各位同仁莅临我校

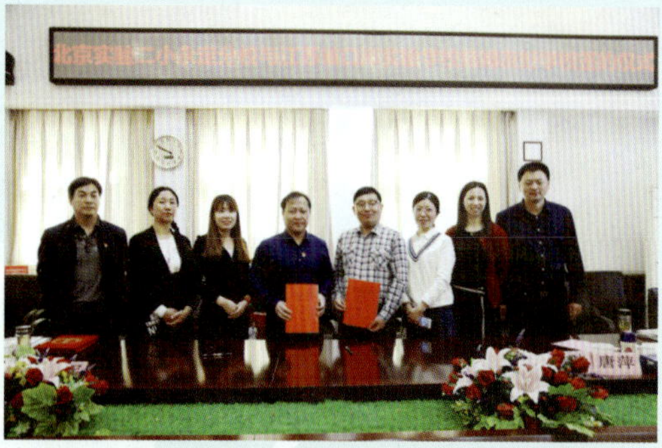
唐萍

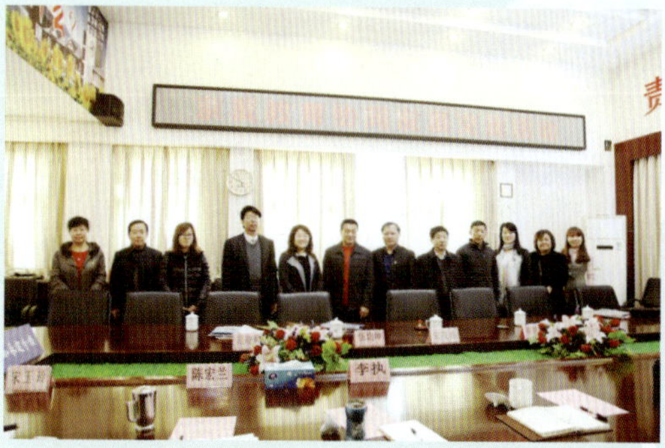

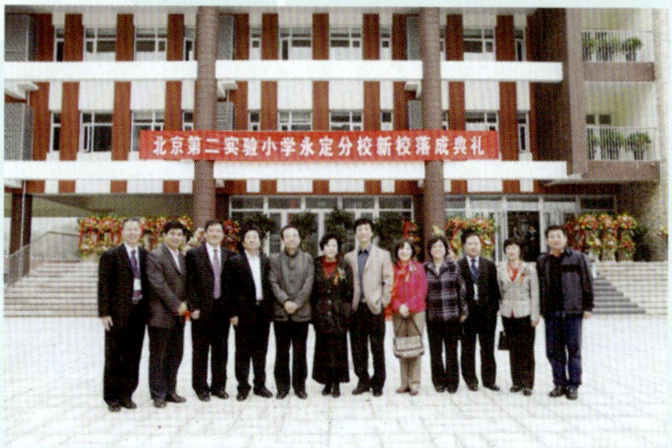
北京第二实验小学永定分校新校落成典礼

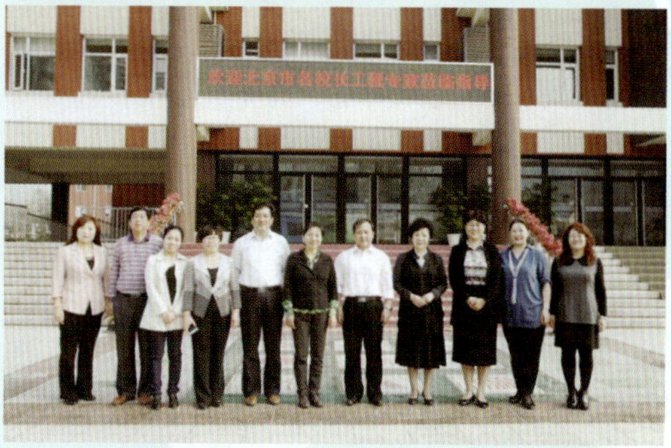

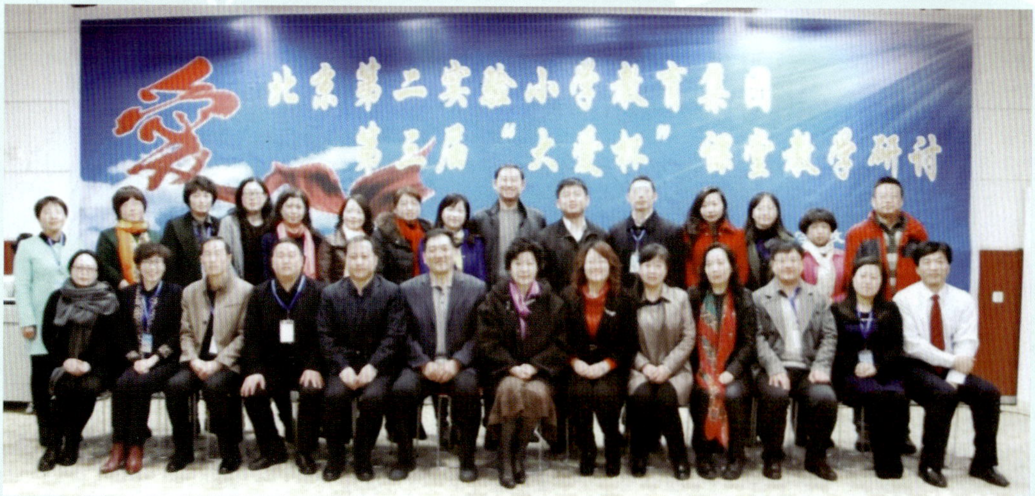
北京第二实验小学教育集团
第三届“大爱杯”课堂教学研讨

风采篇

金二小永定分校2017年"相亲相爱一家人"元旦联欢

打造和谐团队　追求卓越品质
科技秀

爱育成长　精彩绽放

实验二小永定分校"徒步永定河畔 感受家乡美景"特色党日活动

北京第二实验小学永定分校新校落成典礼

成长篇

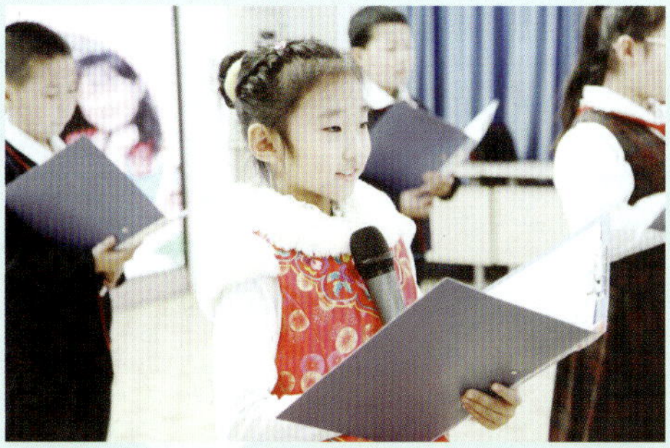

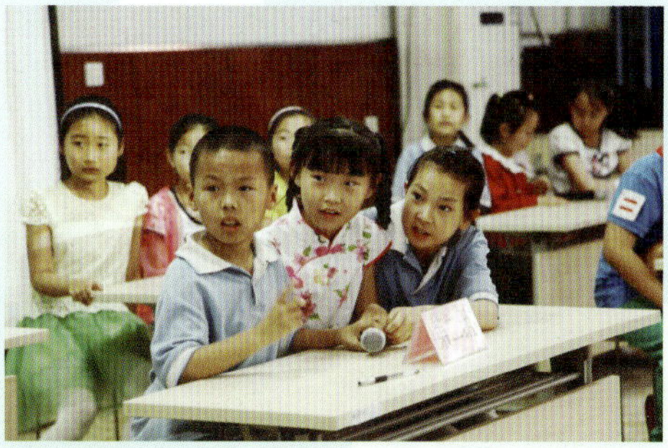

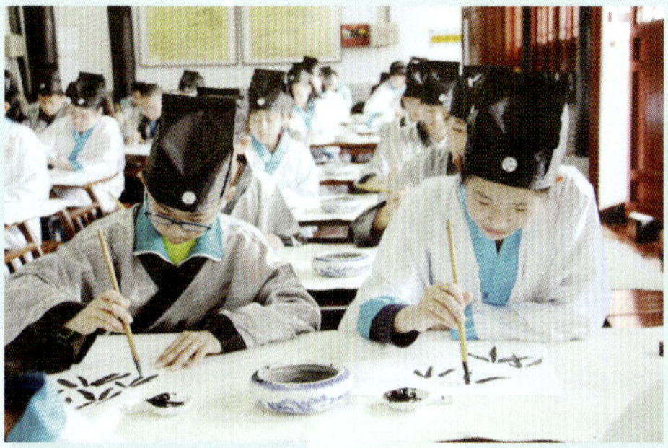

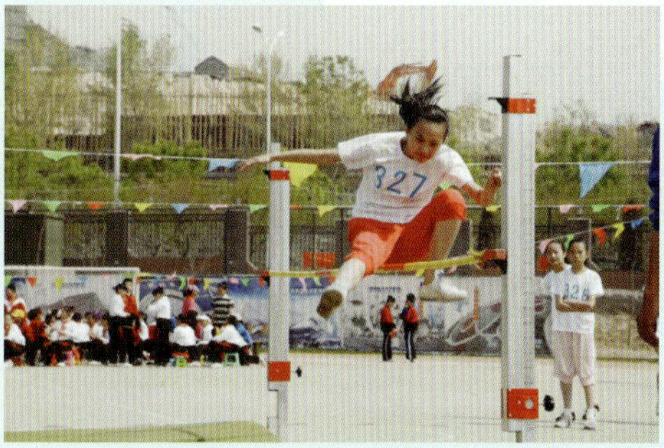
327

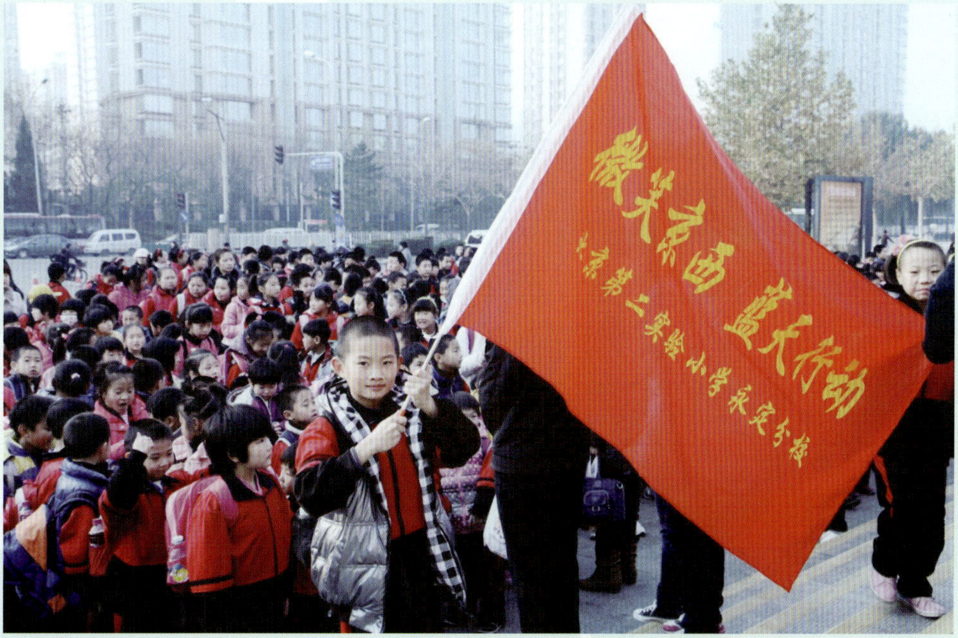
微笑京西 蓝天行动
北京第二实验小学永定分校

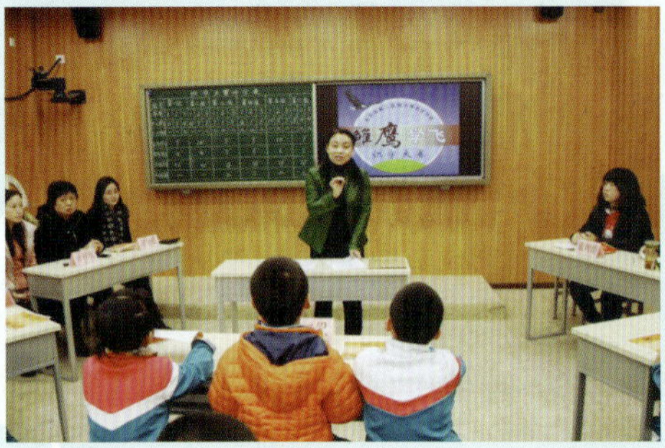

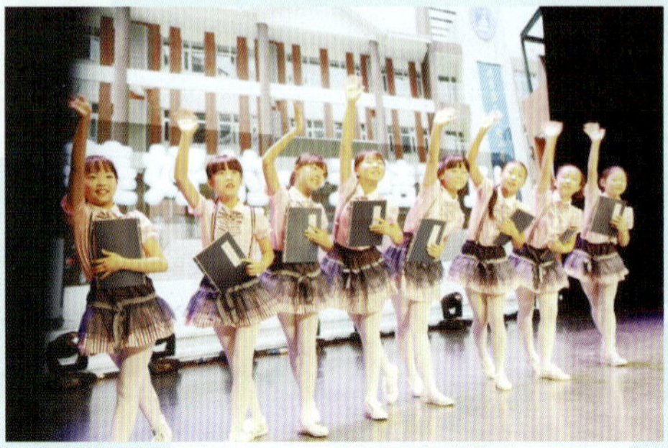

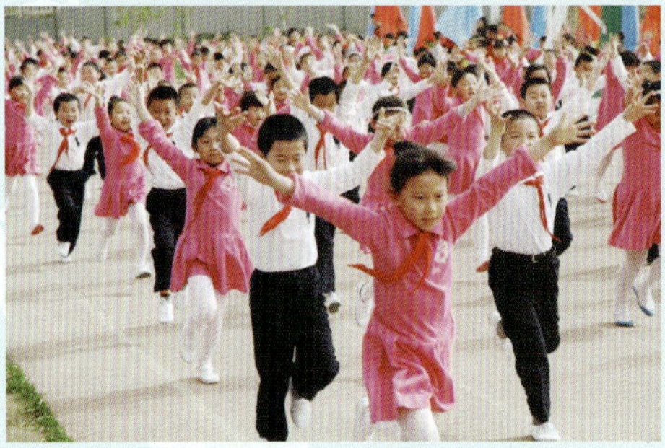

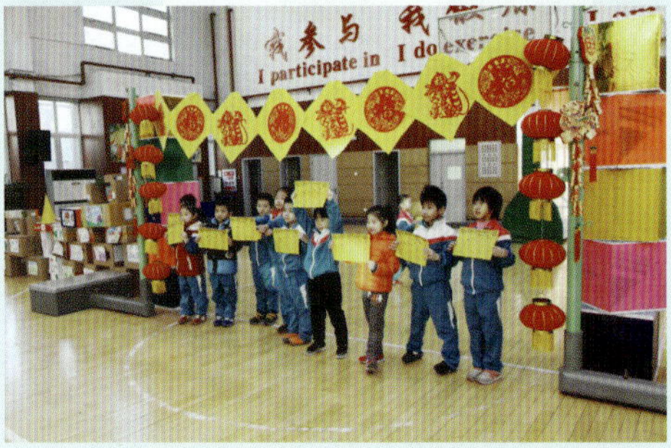
I participate in

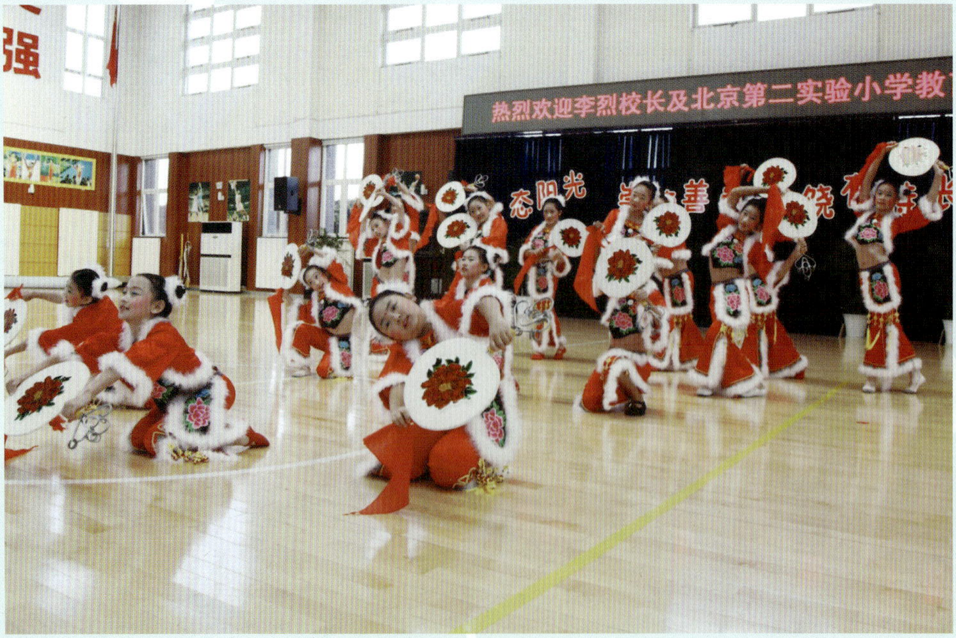
热烈欢迎李烈校长及北京第二实验小学教

序 言

　　门头沟区地处京城之西,全区疆域呈扇面形,总面积1455平方千米。发源于内蒙古兴和县和山西省宁武县管涔山的永定河滔滔不息自西北浩浩荡荡流向东南,在门头沟的万山丛中曲曲弯弯穿行100余里,形成了著名的永定河山峡地段。自古以来,川流不息的永定河,以自己博大的胸怀灌溉和滋润着门头沟区的土地,养育了这里20余万人民,繁衍了这里的文明,孕育和发展了这里的文化与教育。

　　门头沟永定地区坐落在门头沟区东南部、永定河西岸。据有关资料记载,"永定"这一名称即来源于永定河,是其先民们借用永定河中的"永定"二字命名的,目的是希望这个地区永远安定、祥和,人民永远安康、幸福。

　　永定镇地处马鞍山脚下,三面环山、一边临水,地理位置优越,距市中心20余千米,距区政府3千米。东隔永定河与石景山相望,南面与丰台区毗邻,西面与潭柘寺镇相接,北与龙泉镇相连,为长安街西延长线的最西端(长安街西端终点石龙西路东口),现为门头沟区新城。全镇辖区面积为68.6平方千米，人口2.33万。

有案可稽的门头沟教育发端于明洪武八年（1375年）。当时的宛平县在辖区玉河乡（今城子村）、桑峪社（今桑峪村）、清水社（今清水村）设立社学。此后，私塾、讲学堂、义学、家馆相继在本区开办。永定地区教育也发端于明朝，当时永定地区上岸、石门营、冯村等较大村庄相继开办了社学、私塾、讲学堂、义学、家馆等，教授当地农民子弟。

自明洪武八年门头沟区教育发端始至2013年，永定地区的教育已经走过了几百年的历史。在这几百年中，这里的教育有过辉煌的历史，也有过坎坷的经历。本书在充分挖掘历史资料的前提下，按照实事求是的原则，较为详细地记述了永定地区小学教育的起源、发展、变化情况及北京第二实验小学（以下简称"实验二小"）永定分校的变化情况，包括教育教学、教育机构改革、学前教育、基础教育、校外教育、教育投入与支出、教育科研、报刊出版、电视宣传、现代教育技术发展、校园安全保卫、两支队伍建设等诸多方面发生的重大事件和重大变化，目的是发挥史书"存史、资政、育人"的作用。为我们学习老一辈人在教育方面所表现出来的高尚品格，吸取历史经验和教训，依据实际情况制定教育发展规划，并进行科学决策，从而提高教育教学管理水平和工作效益，为推动教育工作全面发展提供经验和借鉴。

同时，社会各界人士也会通过阅读本书，进一步增加对门头沟区教育的了解，更加热爱、关心、支持本区教育事业的发展；广大师生通过阅读本书，也会进一步激发刻苦学习、掌握科学文化知识、为建设家乡建功立业的雄心壮志。

在此，对在本书编纂过程中，给予大力支持和帮助的各位领导和有关人员表示深深的谢意！

编者

2016年3月18日

凡　例

　　一、本书在写作过程中，坚持以马列主义、毛泽东思想、邓小平理论为指导，以"三个代表"重要思想和科学发展观为统领，遵循辩证唯物主义和历史唯物主义的思想方法，并本着实事求是、翔实简明、薄古厚今的原则，力求突出史书"存史、资政、育人"的功能。

　　二、本书按序言、凡例、正文顺序排列。序言概括本书的主要写作内容和写作原因，列于凡例之前；凡例说明本书编排体系；正文详细记述本书各章节的细节内容。总述独立成章，各章标题排列顺序为节、一级标题、二级标题、三级标题，且标题独立成行。

　　三、本书采用总述—正文的层次结构，目的是在总体上强化"述"的功能，进一步增强本书的整体性和系统性，并作为后人提供查看本书之提示。

　　四、本书以"存史、资政、育人"为目的，本着该详则详、该简则简的原则，实事求是地叙述了在国家教育发展的大背景下，永定地区小学教育的发端、发展全过程及实验二小永定分校的演化、变迁的全过程，为后人了解永定地区小学教育发展情况及实验二小永定分校发展变化情况,提供了翔实资料。

五、为了做到内容尽量翔实、直观,本书以文为主,并辅以图、表作为补充说明。同时在正文之前插入彩照,直观地反映了永定地区小学教育的发端、发展及北京第二实验小学永定分校的发展变化情况。

六、本书在记述过程中一律采用公元纪年。

七、本书的材料以实验二小组织部分老同志撰写的材料及现存档案和学校组织在职人员收集上报的材料为主。在此基础上,学校还组织有关人员对部分健在的本地区早期毕业生进行了多次访问,力求实事求是地反映永定地区教育发展情况和实验二小的发展历史脉络与现状。

八、本书主要采用横排门类、以类系事、以事系人、分类记述、序列章节的方法进行编纂,并在记述过程中突出了执简驭繁、详今略古、生不立传的原则。同时在以类系事、以事系人的记述中,对各个时段的情况,均以年代为标记。

九、本书为语文体,并直陈事实,不做评述,寓观点于记述之中。

十、本书所载先进人物,均为历史人物及教师节表彰的市区级及以上先进。

编者
2016年3月18日

目 录

第一章 总 述 1

    第一节 永定地区自然情况 1

    第二节 永定地区教育发展 2

第二章 永定地区教育的起源 7

    第一节 教育发端 7

    第二节 近代教育 9

    第三节 永定地区教育的奠基人——刘化南老先生 10

    第四节 国民教育 13

    第五节 抗日战争时期永定地区的教育 17

    第六节 解放战争期间永定地区的教育 20

第三章 永定地区解放初期的教育 26

    第一节 中华人民共和国成立至1966年前永定地区的教育发展 26

第二节　为人师表的好教师 35

第四章　永定地区1966—1976年期间的教育 41

　　第一节　中小学学制改革 41

　　第二节　冯村"抗大小学" 41

　　第三节　招收民办（代课）教师 43

　　第四节　代课教师马淑霞的教育情节 44

　　第五节　党建工作 51

第五章　永定地区1976年后教育发展历程 54

　　第一节　永定中心小学诞生 54

　　第二节　与实验二小合作办学 57

　　第三节　实验二小永定分校概况 58

　　第四节　以"五带"开创学校发展新局面 59

第六章　永定地区德育工作的新发展 66

　　第一节　开展多样的学生教育活动 66

　　第二节　探究班级管理新模式 74

　　第三节　实施"育鹰"行动计划 78

　　第四节　家校携手同行　合力共育精彩 82

第七章　永定地区教学工作新发展 88

　　第一节　加强教师队伍建设 88

　　第二节　加强与实验二小交流 98

　　第三节　推进课程建设 100

　　第四节　构建"育鹰"课程体系 111

第八章　永定地区的党团工会工作 125
第一节　党建工作 125
第二节　团支部开展主题教育活动 138
第三节　对青年教师后备力量的培养 139
第四节　工会工作 142

第九章　永定地区的学前教育 149
第一节　永定中心小学幼儿园新址剪彩 150
第二节　多彩活动促幼儿快乐成长 151
第三节　开发剪纸园本课程 157
第四节　构建适合幼儿发展的课程 163

第十章　永定地区办学条件的改善 167
第一节　永定中心小学校园建设侧影 167
第二节　实验二小校长李烈勘察永定分校新校址 169
第三节　完成村小拆迁工作 170

第十一章　永定地区办学品质的提升 176
第一节　七大文化的内涵 176
第二节　环境文化的主体特征及创意说明 182
第三节　各年级楼道玻璃墙裙文化装饰说明 189
第四节　楼道内各层科学文化墙装饰说明 191
第五节　楼道内各层装饰画说明 192
第六节　综合楼楼道内各层环境装饰说明 196

第十二章　永定地区在成长中铸就辉煌 198
第一节　北京第二实验小学教育集团谱写爱的篇章 198

第二节　课程建设促进学校的可持续发展..................202

　　第三节　课程改革为教师成长搭台..................208

　　第四节　丰富的课程让学生的天空更广阔..................210

附录一：永定地区历任校长..................219

附录二：永定地区教育大事记..................220

跋：百年永定　爱育辉煌..................221

后　　记..................223

第一章 总 述

第一节 永定地区自然情况

门头沟区位于北京西南部,永定河在门头沟的万山丛中蜿蜒穿行100余里,形成了著名的永定河山峡地段。川流不息的永定河是北京的母亲河,她无私地养育了门头沟的人民,繁衍了门头沟的文明,孕育和发展了门头沟的文化与教育。

门头沟永定地区位于门头沟区东南部,永定河从这里流出门头沟大峡谷,进入平原地区。这里属温带大陆性季风气候,年平均降雨量600毫米左右,全年无霜期200天左右。本地有丰富的矿产资源,其中板岩、石灰石、页岩石、青灰最为丰富,煤矿资源储量较大。本地有广阔的山场,因而使这里万山秀雅,树

木种类繁多，林木苍翠挺拔，植被郁郁葱葱。

这里的交通条件十分便利，108国道、门（头沟）潭（柘寺）公路、西苑路都从此地经过。这里还有众多的名胜古迹，有始建于金辽时代的万佛堂村遗址；有建于唐代的戒台寺和西峰寺及清代恭亲王儿子（载滢）的地宫；有明朝天顺年（1457—1464年）开凿的石佛摩崖造像；此外还有建于明代的桃花庵开山祖师塔、玄真观、月严寺、石厂村过街牌楼等。

第二节　永定地区教育发展

在我国历史上，学校的出现源远流长。到了唐代，官家、民间办学，已经到了鼎盛时期；明清学校基本承袭了隋唐办学模式，清末开始兴办近代教育，将私塾改称为学堂；辛亥革命之后，学堂一律改称为学校，并延续至今。

永定地区小学教育发端于明朝。当时冯村、上岸、石门营等村相继开办了村塾，教授当地农家子弟。

明清时期，永定地区儿童一般4～8岁就要进入私塾学习，当时一年有2～3次入学时间。在永定地区孩子入学仍备受家长重视，要举行"入学礼"。孩子进入私塾读书学习，称为"开书""破学"或"破蒙"，要进行"正衣冠和行拜师礼"，表示对学业和教师的尊重。

永定地区的村塾开设的科目有：《三字经》《百家姓》《千字文》《幼学琼林》《女儿经》等；稍大一点的孩子还要开设《大学》《中庸》《孟子》《诸子》等，另外还开设国文、图画、体操、乐歌等科目。私塾先生对学生要求非常严厉，孩子不好好读书就被体罚；但是有时也给学生以奖励，如给"三好生"开"免打条"。

永定地区的村塾教师还开展与家长互动教学活动，请家长或长者走进教室，参与班级管理。当地村塾重视对学生日常行为的稽考，设立"扬善簿""改过簿""记过格"记录学生表现，作为学生升学录取时的参考。为了督促学生努力学习，村塾还非常重视学生的考试。"小考天天有，大考三六九"，概括了当时重视考试的情况。到了清代，小学考试已经形成了制度。

1908年之后，永定、上岸、石门营等村内的主事、长者与村民协商，在村塾的基础上，正式创建了各村的小学。其中1914年成立的冯村小学，被当时的宛平县政府命名为宛平县第六区第十九小学。

辛亥革命后，永定地区各村的小学也按照民国政府教育部的规定，实行了新的教育体制，废除了清政府私塾所颁布的教材，并实行了新的教育体制。同时村里的女孩子也可以同男孩子一起在村内小学读书，迈出了妇女解放的第一步。

1919年5月4日爆发的"五四运动"，对中国现代教育做出了很大贡献。在这个时期，冯村小学的学生虽然很小，但是也顺应了时代潮流，师生们经常在家里参加生产劳动，践行了教育与生产劳动相结合的方针。

抗日战争时期，永定地区的村办小学也积极响应共产党的号召，开始采取"民办公助"的方式，扩大了接受教育学生人数，很多农民子弟纷纷入学，使当地小学以抗日救亡运动为目的的基础教育得到了空前发展。

从抗日战争胜利到1949年10月中华人民共和国成立，由中国共产党领导的解放区的教育，继续执行民族的、科学的、大众的新民主主义教育方针，继续坚持教育为新民主主义革命服务，教育与生产劳动相结合、理论与实际相结合的原则，使解放区的教育成为培养具有民族精神人才的摇篮，为抗击日本帝国主义的侵略、推翻旧的社会制度、建设人民当家做主的新中国，培养了大批优秀人才。这个时期永定地区各村的小学教育，也在党的教育方针指导下，将解放区的教育内容作为主要教育内容，在学校中开始了关于解放全中国、支持土改的宣传教育。

中华人民共和国成立以后，开创了中华民族教育事业发展的新纪元。为了尽快改变中华人民共和国成立之初文化教育落后的状况，党和政府将改造旧教育、建设新教育作为教育工作的首要任务，确立了党和国家的教育方针，明确了社会主义教育的方向。为了大力发展教育，国家颁布了很多文件，其中最重要的文件就是有关普及小学义务教育的问题。永定地区的小学在这个时候也开始响应党的号召，要求凡是适龄儿童都要进入小学学习。

1977年开始恢复高考，中小学也开始恢复正常的教育教学秩序。国家提倡"尊师重教"，学习知识改变命运成为时代的强音。

1978年，党的十一届三中全会召开，开始实行改革开放，教育也迎来了发展的春天。改革开放以后，党和政府更加重视教育事业的发展。先后制定了《义务教育法》《教育法》《教师法》《高等教育法》等教育法律，教育投入不断增加。永定地区的教育也随着全国教育形式的改变发生了很大变化。

为了适应这种变化，1979年2月，永定公社领导决定将冯村小学改为冯村中心学校，并辅设有中学班。

1981年，为促进永定地区教育发展，门头沟教育局和永定乡政府协商，在冯村中心学校的基础上，又成立了稻地中心学校、石门营中心学校。

1983年6月，为了进一步适应教育的发展，门头沟教育局和永定乡政府协商，相继撤销永定冯村中心学校、石门营中心学校和稻地中心学校，分别更名为冯村中心小学、稻地中心小学、石门营中心小学，原来3所中心学校的中学班，都归入了石门营中学。

1983年6月，为了进一步适应教育的发展，门头沟教育局和永定公社协商成立石门营中学。并相继撤销永定冯村中心学校、石门营中心学校和稻地中心学校，将3所学校所属中学班都归入了石门营中学。并分别将3所学校更名为冯村中心小学、稻地中心小学、石门营中心小学。

1983年以后，为了提高永定地区小学的教育教学质量，区教育局决定，成立永定中心小学，将原来的3所中心小学及所辖村小归为1个中心小学管理，至此永定中心小学下辖有1所中心小学，5所完小，是全区最大的1所中心学校。

1998年3月，永定中心幼儿园成立，为全区中心小学首个附属幼儿园。

2000年，我国基本普及九年制义务教育，2009年全面普及九年义务教育，永定中心小学在此时已经全面实现了适龄儿童全部免费入学的目标。

2005年12月，为了提高全中心小学教育教学质量，决定与北京第二实验小学开展联合办学，成立北京第二实验小学永定分校，2006年3月北京第二实验小学永定分校正式揭牌。当时永定分校包含1所中心校、5所完小（石门营、上岸、栗元庄、稻地、联办）及1所幼儿园，有在职教职工230人。

2009年5月学校新校址开工建设，总建筑面积12992平方米，2010年10月20日落成，硬件建设达到北京市一流水平，有体育馆、足球场、篮球场等体育设施，有音乐、形体、电子琴、美术、书法、科学、劳动、计算机等专用教室。

2010年12月31日，随着永定地区大规模拆迁，实验二小永定分校将所辖完小进行了合并。合并后的实验二小永定分校共有4所学校，其中，中心校1所，冯村和石门营2所完小，幼儿园1所。全校共49个教学班，1521名学生，学前班154人，幼儿园420人。在职教职工224人，其中中学高级教师职称3人，市级骨干教师1人，区级骨干教师17人。

实验二小永定分校成立以后，秉承实验二小"以爱育爱双主体育人"的办学理念，确立了"爱为源人为本"的办学理念，并逐步明确了办学目标和育人目标，努力办人民满意的教育，努力成为百姓身边的魅力学校。几年来，在干部教师的共同努力下，不断开拓创新、锐意进取，在教师队伍培养，课程教学改革，学生发展等方面都取得了很大成就，实现了学校的跨越式发展，逐步成为门头沟区的窗口学校。

第二章 永定地区教育的起源

第一节 教育发端

一、教育发起

永定地区的教育发端于明朝。据记载，明朝洪武八年（1375年），宛平县在辖区玉河乡境内的城子村、桑峪社、清水社，相继开办了私学即私塾。永定地区上岸、冯村、石门营、万佛堂等村学习城子村、桑峪社、清水社的办学经验，也相继开办了社学、私塾、讲学堂、义学、家馆等，教授当地农民子弟学习文化。

二、私塾教育

永定地区私塾教育比较发达，当地的百姓把孩子送入私塾学习，一是一些家庭困难者为了让孩子识几个字，会记账；二是一些有钱人家也想让孩子通过私塾学习，将来考取功名，光宗耀祖。

私塾教育的课程有《三字经》《百家姓》《千字文》《幼学琼林》《女

儿经》等；稍大一点的孩子还要开设《大学》《中庸》《孟子》《诸子》等，到了近代要求教学内容要与社会的发展相一致，开设国文、图画、体操、乐歌等课程。

在明清时期，永定地区儿童一般进入私塾学习的年龄为4~8岁。当时一年有2~3次入学时间，一般是正月农事闲暇时期、八月暑退时期、十一月开始冰冻时期入学，因为这三个时间都是农闲时节，家长可以不必因为孩子上学而耽误农活。

在对学生的管理和教育方面，私塾先生对学生的要求非常严厉，孩子读书不学好就会被体罚，家长对这种体罚现象也很认同，认为"不打不成器"，认为读书不认真或学习不好，接受体罚是应该的。但是有的老师也会给"三好生"开"免打条"。

明清时期，私塾先生有时会邀请家长或长者坐进教室，参与对孩子的教育与管理，私塾先生对学生考核也采取设立"扬善簿""改过簿""记过格"的形式，将学生在塾内和村中所做的好事、坏事均记录在案，作为学生升学录取时的参考。

对于学生学习成绩的考核，从考核时间上说是"小考天天有，大考三六九"，主要是老师进行的"日考""月考"和"季考"；考试内容主要是识字、写字、习经史、学六艺等情况；考核要求是"小学生八岁能诵一大经，日书字二百""十岁加一大经、字一百""十二岁以上，又加一大经、字二百"。

私塾教育对永定地区的文化传播、知识普及起到了重要作用。永定地区的私塾教育为各村培养了很多人才，担负起了村里婚丧嫁娶、写地契、房契、分家单、对联的撰写工作。每到春节，当地村民家家户户都要写对联和条幅，这些上过私塾的"先生"，为村民写对联和条幅还要赔上笔墨、灯油和时间。白天写不完，晚上点上油灯继续写，特别辛苦。

到了近代，私塾与社会的发展相一致的学习内容增加了，因此永定地区私塾开设的科目也和全国其他地方一样，开设了国文、图画、体操、乐歌等课程。

第二节　近代教育

一、辛亥革命和袁世凯"复古"对永定地区教育的影响

辛亥革命对永定地区的教育产生了很深的影响，私塾和学堂也响应辛亥革命的号召，废除了清政府私塾长期使用的儒家经典教材，并使用了辛亥革命颁布的新教材；根据辛亥革命颁布的"初等小学，可以男女同校"的规定，永定地区许多女孩子也走出了家门，来学校学习文化，迈出了妇女解放的第一步，为将来参加社会活动打下了基础。

在袁世凯和北洋政府大搞教育"复古"以后，学校教育内容又恢复了以儒家经典学说为中心的教育内容，初等小学男女同校被禁止，很多女孩子又重新回到了家里接受"三从四德""相夫教子"的教育。

二、"五四运动"对永定地区教育的影响

"五四运动"之前，冯村、上岸、石门营等较大村庄都有私塾，私塾教育在传播文化知识方面发挥了重要作用，为各村培养了很多能写会算的"秀才"。这些"秀才"努力为村民服务，为发展农村文化做出了贡献。但是，随着时间的推移和社会的发展，私塾教育已经远远满足不了时代发展和人民对教育的要求了，因此设立学堂，学习"西学"成为教育发展的必然。

"五四运动"以后，随着教育形式的发展，虽然有些村子还保留了村塾教育的格局，但是冯村、上岸、石门营、桥户营、栗元庄、石厂、卧龙

岗、万佛堂等较大村庄的私塾，都相继改成了民国小学，其中冯村小学被宛平县政府改为宛平县第六区第十九国民小学。

"五四运动"后，永定地区小学的课程设置虽然依旧保留了部分私塾课本的教育内容，但是"五四"新文化运动促进了教材改革的不断深化，特别是随着白话文教材法定性地位的确立，永定地区的小学教育也开始了白话文教学。除此之外，还开设了很多私塾教育没有涉及的学科，如自然、地理、历史等学科。"五四运动"提倡的新文化运动，引入了民主和科学理念，推动了教育的发展和民主与科学精神的普及。学生通过学习"五四"时期的新教材，使他们幼小的心灵里埋下了民主和科学的种子，为他们以后走上反帝反封建的革命道路奠定了基础。

第三节　永定地区教育的奠基人——刘化南老先生

1908年后，永定地区冯村、上岸、石门营等村内的主事、长者与村民协商，在村塾的基础上，正式创建了各村的小学。

据刘化南的长孙刘瑞林（1931年生，曾任冯村村长、区人大代表、从矿务局党校退休）回忆：刘化南先生生于1878年，因为脸上长着几个浅皮麻子，村人亲切地称其为"麻刘"。刘化南原籍天津武清县大沙河村，少时奋发读书，一心想的是"学会文武艺，货卖帝王家；帝王不用，卖与识家；识家不用，仗义行侠。"立志成为国家栋梁，报效国家。可事与愿违，尽管十载寒窗苦读、多次参加科考，结果却是时乖命蹇、屡战屡败，多次落榜的刘化南，在残酷的现实面前，不得不冷静地思索自己的出路。

他一方面看到晚清政府日益腐败，列强嚣张环伺，国势衰微；另一方面科考连连失利，觉得无颜面见妻儿老小。1907年，年近30岁的刘化南撇下妻儿老小，只身来到京西，在宛平县桥户营村落脚。

作为一介书生，他为了谋生，开始以给当地人代写书信、春联、各类帖子、契约聊以糊口。刘化南书法、文章出类拔萃，很快便在当地有了名气，再加上他待人忠厚、平易近人，因此与当地村民和各村中的头面人物多有往来。

1908年，刘化南通过冯村士绅、村正的关系，来到了冯村落户，先是在前街水井旁边租用村民陈玉明家院内西房，办起了私塾。

1908年年末，冯村"村正"与本村士绅们商议，决定在村西关帝庙内开办村塾，正式下聘书邀请刘化南前来执教。刘化南应聘担任了冯村村塾的塾师，开始了他在冯村小学二十六年的教学生涯。

冯村村塾建在村西关帝庙内，关帝庙重建于元十三年（1276年）。它坐西朝东，山门外有一对儿圆形石鼓门墩儿。山门前两棵高耸的国槐和寺内大殿前两棵郁郁葱葱的柏树均有几百年树龄。庙内有三间大殿，供奉着关圣帝君和关平、周仓二位神将。院内曾有铜钟一口，高近一米，悬挂在院内古松之上。大殿前矗立着两米多高的汉白玉石碑，镌刻着庙宇建造的年代及募捐建庙的香客姓名。冯村私塾创办时的设备十分简陋，大殿左侧三间耳房为教室，右侧两间耳房作为教师办公、住宿的场所。大殿院内有南北厢房各两间半，南厢房为工友住宿、做饭所在。北厢房做杂用房，学生增多后便当作教室了。学生们坐着长板凳围在方桌四周读书、写字。在大殿后村民的农田边，有一个用篱笆围起的厕所，供师生使用。随着人们越来越重视教育，学生逐年增加。

据刘化南的学生薛芳老先生回忆，刘化南先生教授的课程是《百家姓》《三字经》《弟子规》《幼学琼林》，还有珠算、书法。刘化南采取的是私塾教育的传统教学方法，要求学生每天必须把当天学的课文背诵、默写下来。由于当时没有黑板，他不仅每周要考一次学生的学习情况，平时还用毛笔把要学的字写在纸上，让学生读、写、认。

在教学中，他对学生的学习要求很灵活，不统一上课，不用黑板，他坐在"圣贤"牌位前，把学生叫过来，实行单独教学，其他人读书或写字。教学进度因人而异，同时还按学生的接受能力设定课程，智商高的学生学得快，老师就教一篇；慢一些的教半篇；再差的可能教两行或三行。老师教完，学生自己下去念、背，背会了老师再检查。有时老师要让学生从第一行背，一直背到所学过的地方；有时老师随便读一句，学生就得接下去背，如果背不熟或背不下去，就要受到惩罚。先生遵从"严师出高徒，不打不成材"的古训，对学生纪律要求很严，先生经常拿"戒尺"打学生手掌，把手掌打肿是家常事。因此学生非常惧怕老师。平时上课没有休息一说，教室门前挂个牌，不管老师在不在，都要摘牌去厕所，回来把牌还挂在门口，不管老师在与不在，没有牌子不能出屋子。

老师要求学生所学过的文章要会读、会背、还要会写。写字时要用毛笔，因此学生上学每天必须带齐文房四宝：笔、墨、纸、砚。学习写字先要学习研墨、拿笔姿势等，写的时候，先练习"大仿"，写好仿，再临帖；写文章，写不好也要打手板儿。

因为上学艰难，学生学习都非常刻苦，他们上学时间都不会长，长则两三年，短则两三个月。但他们在以后的生产生活中，会不断学习，有的人学会打算盘，有的人能读一些简单的文章，计算一些简单的数学题。特别是口算能力，比现在的学生要熟练得多。

刘化南的另一个学生陈玉老先生在世时回忆说，旧社会，农村人都很穷，只有少数人能连续读几年书。其他人千方百计挤出点钱，在冬天农闲时上几个月学，农忙时要去地里干活。阴天下雨时再去上两天课。如果半途中交不上学费，就去小煤窑背两班煤，挣回小米交了学费再接着上，即使这样还是有大批青少年上不了学。有些孩子非常羡慕能上学的孩子，非常渴望学习文化，为了让孩子学习文化，一些家长也只有去背煤挣钱回来供孩子念几天书。有的孩子还去"偷学"，他们站在教室窗外偷听先生讲课，听学生背书。有的人就这样学会了背《三字经》《百家姓》《弟子规》等蒙学教材。

据薛芳老人回忆，刘化南的教学方法很灵活，他不仅要求学生每天必须把当天学的课文背诵、默写下来，还每周要考学生一次。

第四节　国民教育

一、成立国民小学

1914年以后，当时宛平县六区在私塾的基础上，相继建立了上岸小学

（第十国民小学）、石门营小学、万佛堂小学、冯村小学4所初级小学。其中1914年成立的冯村小学，被宛平县政府命名为"宛平县第六区第十九小学"，学校仍设在冯村私塾上课的村西关帝庙内。

当时因为村内没有教师，冯村大家族族长和村内主事的人，又继续聘请刘化南到小学任教。

据《北京教育史志丛刊》1993年第4期《日伪初期的宛平县教育》一文所记载，从1914年以后，国民政府在宛平县六区注册了6所乡立小学，冯村小学为其中一所，注册时间是民国八年三月。据有关文献记载，截至1920年，国民政府仅在宛平县六区教育科登记注册的小学就有13所。

为了加强对各村国民小学的管理，各村学校均设校董会，董事多由村中德高望重、有文化的长辈和能够出资的人担任。校长多由村长或村副担任，这些学校都是在私塾基础上演变过来的。

二、办学经费和办学条件

当时冯村地区的校舍都是在私塾旧址基础上经维修改造而成。虽说是国民政府下辖的学校，但是当时的办学经费几乎都是由村里负担的。"概由地亩捐款项下，自行筹措"，这些经费称为村款；由宛平县教育科下拨的办学经费叫校款，但是特别少。在当时各村村小中，只有石门营小学，因有刘氏家族全力支持，经费充足，师资力量雄厚，办学条件优越，有桌椅、黑板、操场等。其他学校相差较远，有些困难的村小，只在土地上用石头或砖砌上几个台子，再在上面支上长短不齐、宽窄不等的大木板当课桌。课椅是学生们自带的马扎、板凳。黑板是用白灰在墙上抹块较平的板面，涂上青灰锅烟。课堂上所需教具，全是老师就地取材自己制作的。

冯村小学在教学条件上，相对差一些，学生也只有十几个。他们就是在用石头或砖砌的几个台子上搭上长短不齐、宽窄不等的大木板当课桌，自带马扎、板凳当椅子到校来上学的。

三、刘化南老先生受聘冯村小学任教

刘化南受聘继续担任冯村小学教师期间，与时俱进，尽量吸收新的知识和新的思想，以适应发展变化的教育形势。当时学校所授课程以新课程为主，刘化南老先生一边驾轻就熟地教着私塾课程，一边也在尝试着教国文、算术等新鲜时髦的课程。

据刘化南老先生的学生回忆说，刘老先生教出很多精通书法、珠算的好学生，能够回忆起来的有：陈忠、陈玉、李海、李鸿、李贵、李占鳌、李占红、李富友、刘瑞华、刘汉堂、刘同恩、刘正华、刘正荣、刘仕福、刘士明、刘士增、刘士贤、刘士儒、贾德海、史振清、史振刚、史振荣、史振生、史振华、阎德文、阎永珍、孟昭元、孟兆祥、薛斌、薛芳、臧国珍等人。

其中刘仕福（1923—1997年）北京市门头沟区人，1945年1月，参加中国共产党，同年参加革命工作，历任冯村政权治安委员、宛平县七区武工队员。中华人民共和国成立后为北京市干部文化补习学校学员，门头沟区房管局干部，1980年1月离休。

李鸿（1921—1996年）1945年参加革命，武工队员，因工作需要，调到城工部、妙峰山交通站工作。1948年门头沟区解放后担任四维煤矿工会主席，此后随部队南下。1981年离休。

刘同恩（1915—1998年）1949年被区政府推荐为农民代表，出席北京市各界人民代表大会，1950年任冯村党支部书记，1950年3月被区政府推荐为北京市政协委员，受到北京市长彭真的亲自接见，1954年参加北京市第一次人民代表大会。

刘化南老先生的这些学生，为新中国的解放事业立下了不可磨灭的功勋！他们的英名都记录在门头沟革命荣誉册中。

薛芳老人还回忆说，在他8岁那年，也就是1933年，宛平县六区派来一位三家店的张老师（名字记不清了）到校任教，张老师来到学校后，学校增设了"修身、国语、珠算"等新课程，开始初步尝试国民新学教育。这时的冯村小学的教育是新式教育与旧教育混杂的局面。张老师在冯村小学大约从教3年就离开了。

到了1934年的后半年，国民政府要求全部进行国民新学教育。只长于私塾教育的刘化南老先生，很有自知之明，深知自己的知识结构过于陈旧，只会教《四书五经》，驽马慢车，已不能适应教育新形势发展的需要，不想再误人子弟，遂毅然"辞馆"，离开他工作多年的学校，从此结束了26年的教学生涯。

之后，刘化南借用村中陈玉明祖父家的两间土房，一边招几个蒙童教着，一边利用河北武清与门头沟的地区差价，做起了卖针线的小生意贴补家用。在冯村一提卖线的，都知道是刘化南先生家。到刘化南儿子一代，家中除了卖针线之外，还兼营中药。据刘化南老先生的长孙刘瑞林回忆，多少年后他都记得自己小的时候（刘瑞林于1931年出生），家中还保存着很多做中药的家什。

刘化南经历了孙中山领导的辛亥革命的爆发和失败；经历了国民新学

的建立及其给教育带来的影响；见证了袁世凯和北洋军阀执政时期，所推行的教育"复古"给教育造成的损失；也见证了民国教育的发展状况。他为冯村教育的发展做出了一定的贡献，是冯村教育的奠基人。

第五节　抗日战争时期永定地区的教育

1937年7月7日，爆发震惊中外的"七七"事变，从此日本帝国主义开始了全面的侵华战争。因为卢沟桥离门头沟很近，"七七"事变之后，日寇很快就占领了门城镇，冯村当然也就成为沦陷区。作为沦陷区的亡国奴，村民们忍受着日寇的蹂躏，天天挣扎在生死线上。尽管如此，这里的教育却没有停滞，一直在艰难困苦中坚持着。据刘化南的孙子刘瑞林回忆，1937年抗日战争爆发以后，冯村小学开始修业为六年，分初小，高小两级。前四年为初级，可单独设校；后两年为高小，几所小学的高小学生集中一起上课。

刘瑞林回忆，到了1938年，学校依然勉强维持着。这个时候教师变动很快，有的只来几个月就走了，有走的就有新来的。1938年那一年，原来任教的来自三家店的张老师调走以后，又来了两位新老师，一位姓韩，名叫韩天纯；一位姓邢，名讳不详，因为他身子肥大，人们都称他为"邢大肚子"。

据田惠（1931年生，曾任区农林局长）老人回忆，当时韩老师年龄在20岁左右，他不仅国文教得好，还喜欢打篮球。韩老师带领学生在庙后宽敞之处安了一个简易的篮球架，经常在课余时间组织学生打篮球。因为韩老师年轻，不仅书教的好，还会打篮球，给学生们留下了深刻的印象。

又据史振金（1928年出生）老人回忆，1940年3月，韩天纯老师离开了学校，后来听说他投笔从戎，奔赴了抗日前线杀敌报国去了。从那以后再也没有人见到他，也没人听到过关于他的消息。

说起邢老师，1931年出生的田惠老人显得十分感慨。他说，邢老师在校内有"爱生如子"的美誉。每天放学时，邢老师总是站在山门外，目送学生回家，直至学生身影全部消失后才返回庙内。他那送别学生时的身影和神情，至今让人恍然在目。不过邢老师对学生也十分严厉，对不认真学习、不完成作业的学生，总是沿用私塾的传统惩治做法——"罚站"或用教鞭打学生屁股。

又据1933年出生的李文德老人回忆：邢老师虽说总是体罚学生，可却教出了曾任湖南省黔阳地委副书记的阎永珍（1928—2006年）、曾任区农林局长的田惠（1931年生）、曾任门头沟区中医院院长的名医杨景河之子杨广义（1927—2004年）、曾任永定公社党委副书记、北京市劳动模范的刘萍（1936年出生）等一批德才兼备的好学生。

李文德老人还回忆说，邢老师总爱教学生唱《孔子之歌》，还利用去刘化南先生家串门之机，向老先生探讨珠算、书法教授之法。

据史振金老先生回忆，邢老师的学生有：阎永珍、阎永宽、阎永庆、阎永福、杨广义、杨广智、刘学礼、刘萍、刘焕章、马玉宝、王秀峰、孟昭德、邓茂、陈玉、田惠等。

又据史振金老先生回忆，当时看护寺院的和尚姓孙（王村人，名讳不详），他每天除了在大殿烧香外，还负责为教师做饭、上下课摇铃儿。为缓解学校的经费不足，孙和尚还利用大殿的南厢房开过旅店。

据田惠、闫永志两位老人回忆，1942年韩天纯离开学校不久，学校来了一位崔老师（名讳不详，石景山衙门口人）到校执教，与邢老师一起担负起了学校的教学任务。崔老师是平西抗日根据地的地下交通员，他以教师身份作掩护，一边教书一边为边区收集情报。当时"外十三"（永定地区）早已是沦陷区，可崔老师却把边区政府印的革命教材带到学校，偷偷地对学生进行爱国主义教育。后来由于叛徒出卖，崔老师和陈德旺、李有德两位村民被日寇逮捕，关押在城子守备队，不久三人都被鬼子杀害了。

崔老师牺牲后，曹各庄村的李炳仁、张荫德相继到校任教。张荫德在石门营完小读书时，是当地有名的佟鉴老先生的得意门生，他每次考试成绩都名列前茅。毕业之后，由张钧老师介绍，到宛平县政府工作。他曾冒险将敌占区的地图带回家中交给共产党。

又据阎永志老人回忆，他入学时学校里有一名教师名叫杨秀峰，是和崔老师一起到学校任教的。杨老师是石厂村人，1942年在冯村小学任教，1944年调到双塔小学等学校。据家住冯村的原永定镇干部刘萍介绍：7岁那年在冯村小学读书时，她得到了杨秀峰老师的亲授，学业甚佳。他说："杨秀峰老师在冯村小学任教两年，为冯村的教育做出了很大贡献。"

阎永志老人说，当时由于学校增设了"常识"课，加上"修身""国语""算术""珠算""书法""体育"等课程，老师们每天都忙得不可开交。酷爱体育运动的张荫德老师在1944年"四月初四"儿童节时，曾带领学生去鲁家滩小学，参加了小学生运动会。

阎永志老人回忆说，1944年年底，学校调来一位姓白的老师，现在已经不记得他的名字了。白老师不仅是教授文化知识的高手，还注重培养学生的动手能力。每到春末夏初以后，白老师每周都抽出半天时间，带着学生到南涧沟的地里种庄稼。从给庄稼施肥、播种、锄草直至秋后收获果实，白老师都和学生们亲力亲为。

阎永志回忆说，白老师不仅教会了学生种庄稼的本领，还为学校和学生创造了一定的经济效益。白老师这种教育与生产劳动相结合，注重生产实践的做法和理念，即使在今天也是正确的。

在八年抗战期间，永定地区虽然是沦陷区，但是这里的教育没有中断，教师们不仅教授学生常识、修身、国语、算术、珠算、书法、体育等课程，也根据共产党的指示，教授一些抗日的课程，给学生宣传抗日的道理，用实际行动支援了抗战。

第六节　解放战争期间永定地区的教育

1945年抗日战争刚刚胜利，永定地区成为解放区。因为当时是国共合作时期，永定地区的教育发展很快。根据老干部王福宁回忆：1945年日本投降后，宛平县七区政府就委派宛平县教育科科长谭九臬领导里外十三（里十三指潭柘寺地区的十三个自然村，外十三指永定地区的十三个自然村）的教育工作，成立了里外十三中心小学，中心校设在鲁家滩。中心小学免费发放课本，课本是油印的语文、算数、常识三本小书。这时外十三地区各村学校都处于瘫痪和半瘫痪状态。由于教师缺乏，很多学校不能开课。

设在斋堂地区的共产党领导的人民政府，从斋堂等老区抽调爱国青年到永定地区来参加教育工作，同时还聘请当地有文化的人参加到教师队伍中来。当时进入教育行列的教师有：王宝林（家住在桥户营）、冉文成（家住王村）、王中（家在万佛堂）、张荫德（家在曹各庄）、程元明（家在上岸）。那时各村都有学校，教师的工资是每月30斤小米，因为有边区政府的支持，学生可以按月交小米顶学费。这时候永定地区的教育实际是共产党领导的教育。

当时，教员们每月都要去鲁家滩开会，汇报上个月的工作，听取上级布置下个月的教学计划。为了提高学生的学习成绩，中心学校每个月都要

搞小区统考，考完试后将考卷交到鲁家滩，进行统一判卷。记得当时考试成绩最好的是石门营的张进国和曹各庄的张荫德两位教师任教的班级。为此，张荫德还被调到南辛房任教。

可是好景不长，重庆谈判后不久，国共合作破裂，蒋介石发动了大规模的内战。1946年6月，国民党军队携"还乡团"（因其成员每人佩戴白色袖标，故当地百姓称其为"白箍儿"）卷土重来，占领了门城镇和里外十三地区，永定地区又重新沦为国统区。

由于"还乡团"的破坏、捣乱、肆虐横行，不仅村内人心惶惶，家长也不敢让孩子去学校。有的学校不得不暂时停课，有的学校干脆就停课了。勉强开课的学校教学秩序也十分混乱，永定地区的教育陷入了瘫痪状态。只有栗元庄小学还在上课，因为"白箍儿"中队长刘玉保是栗元庄村人，又是栗元庄大边乡的副乡长，所以，他把原来石门营学校的连体桌椅运到栗元庄，逼着各村孩子到这里上学，学习国民政府的教材，对师生进行反动宣传。

据李文德老人回忆，李炳仁、张荫德、白老师三人是1946年前后相继来校任教的。其中，张荫德在边区政府工作时就是地下交通员了，到学校工作以后，继续以教师的身份为党做地下工作。

据邓广孝老先生回忆：外十三靠西边的万佛堂、艾洼、老山儿、北沟、双塔儿、邓家坡、西坟地等自然村，在抗战时就是八路军游击队经常活动的地区，人民政府的干部也经常来此组织群众开展工作，群众基础很好。抗战胜利以后，宛平县七区政府成立了万佛堂行政村，并决定进行联合办学。决定下达之后，各村凑了些桌子、板凳，勉强将学校筹备起来了，七区政府派了一位老师，又从当地聘了王忠立先生，学校就开学了。

据1935年出生的阎永志老人回忆，1946年6月宛平县第六区栗元庄乡成立了"义勇壮丁队"，这个义勇队就是被当地百姓称为"白箍儿"的地主还乡团，他们的反动气焰十分嚣张，疯狂地向人民进行反攻倒算。

当时，冯村学校的名誉校长名叫张贵，他配合反动当局强迫学校全体学生订校服、戴美式帽，还发给学生每人一条"法绳"、一根"军棍"，强令学生上学时要手持军棍，把法绳掖在腰间，为应急所用。这些被称为童子军的小学生，每天都要穿着深米黄色上衣和黄色短裤，戴上半白半蓝的领巾上学。这样给大多家境并不富裕的家长，增添了巨大的经济负担，每个学生家长要为此拿出五万五仟元金圆券来付校服款，不然，他们的孩子只能面临退学的噩运了。

在这种形势下，共产党边区政府为学生准备了两套学习教材，一套是国民政府发行的修身、算数等；另一套是边区政府油印的小册子。这本小册子是学生心爱的教科书，上面印着"木马""大刀""哥哥大，弟弟小""我是中国人""我爱中国""什么根，长什么苗""什么秧，结什么果"等浅显易懂的文字内容。这本薄薄的小书，后来还引来"还乡团"疯狂的收缴。"还乡团"挨家挨户地收书，不交书就抓人。孩子们和家长就把书藏起来，并谎骗敌人说："书丢了""让小孩撕了"。还有的说："让老师收走了"。结果敌人折腾了好几天，也没收走几本书。

当时由于学生多，学校房子又旧又小，有一天，本就不大的校舍又失了火，没办法只能将学校就近搬到了邓家坡，并按年龄和接受能力的大小进行分班教学。在教学内容上，仍然保留了《三字经》《百家姓》这类教材，同时增加了写字和算数课的内容。学生写字用毛笔学着"写仿"，用石笔在小石板上练字，既经济又实惠。算术课学一些简单的加减乘除和珠算。

由于"还乡团"的肆虐，这所学校实在难以维持，勉强坚持了一年左右就解散了。学校解散后，在这所学校读书的艾洼、珠窝、万佛堂、黑江、双塔、邓家坡、老山儿等村的学生们于1947年转到了冯村学校。

冯村小学校长叫张贵，就是人称作"白箍儿"掌柜的"反动校长"。他从不过问学校教学工作，却和叛徒薛振江一起，戴着"白箍儿"回到冯村抓捕地下党员和村干部。闫永志老人说，一天下午白老师带着学生去南涧沟干活儿，路过冯村西头时，张贵正招呼村民去前街井台儿开会，并且气急败坏地煽动村民不要跟着共产党跑。在井台儿开会时，张贵当众把缴获的边区革命教材全部烧毁了。

由于"还乡团"的捣乱和破坏，其他各村学校也遭到了不同程度的破坏，人民政府派来的教师有的被迫撤走，有的转入地下。他们白天教书，晚上做群众工作，时刻都有生命危险。上岸小学的谭杰老师就是死里逃生的一个。

谭杰是从老解放区到这里教书的革命青年，他来到上岸小学后工作积极，和村里群众关系很好。"还乡团"说他是共产党，派人来抓他。虽然有群众掩护，但他还是被敌人抓走了，被五花大绑带到"还乡团"老巢栗元庄队部，敌人审问时他什么也没有说，最后被敌人押到村南万人坑内进行活埋。由于天将黑了，埋他的两个"白箍儿"中有一个人是党的地下工作者，他们马马虎虎埋完就走了。因为土层较浅较松，谭杰同志在他们走后，从土坑里拱出来，用牙把绑他的绳子咬断，逃进山区被救。

据阎永志老先生回忆，1947年杨秀峰老师还在冯村小学任教，当时跟着他念书的学生有：阎永志、阎桂珍、阎永好、刘砚耕、刘学忠、刘长祥、刘毅等。

据李振生（1940—2014年，20世纪60年代冯村唯一的北师大毕业生，曾任教师、作家、编辑，恭王府义务导游员）回忆，1947年年初，冯村小学只有一个大教室（大殿北耳房），有30多名学生，并且都是男生。教材有《百家姓》《三字经》《千字文》《名贤集》《弟子规》，还有边区政府油印的小册子，内容为"我是中国人""我爱中国"等。到了1947年年底，教材改用新式国文；《开学了》《国父孙中山》《放风筝》《曹冲称象》等课文。

教师的教学方法是读、背课文，毛笔字是描红、写仿影、临帖。1947

年秋，自己在冯村学校上一年级，在上第一堂课时，杨秀峰老师便把他书写在教室墙上那张"百川东到海，何时复西归，少壮不努力，老大徒伤悲"的条幅念给学生们听，之后便一句一句地教学生朗读。杨老师还把"读书之乐乐何如？绿满窗前草不锄"写在纸上做字帖，让学生仿写。李振生感慨地说："由于自己毛笔字写得好，杨秀峰老师曾去我家中访问，还当着爷爷的面儿一个劲儿地夸我有出息。临走时，杨老师把一个紫石砚送给了我。杨老师第二年（1948年）调到了大沟小学，中华人民共和国成立后在秋坡小学退休，1961年去世。

1947年3月，河北武安县的赵玉华调到学校任教，由于那时社会时局动荡，教师时来时走，可赵玉华老师在繁重的教学工作之余，积极组织学生打篮球、学车技、拉京胡、练书法。

1947年年底，冯村小学学生使用的语文教材改为新式国文了，有《开学了》《国父孙中山》《放风筝》《曹冲称象》等课文。学生的学习用品是每个人有一个用木框镶嵌的长方形石板，使用叶腊石作笔，写满后再擦掉，可以反反复复地使用。

李振生还回忆说，1947年底，杨秀峰等老师相继离开冯村小学，由于赵玉华、孙润身两位老师前后来到冯村小学任教，冯村小学才一直勉强支撑了下来。

1948年年底，门头沟解放，"还乡团"和大边乡一同被摧毁，学校又重新回到人民手中，从此永定地区的教育进入了一个崭新的历史发展时期。门头沟解放后，冯村小学的学生也增加到四五十人，教材内容也随着形式的发展进行了变动。

李振生回忆起赵玉华老师时十分感慨：1948年，门头沟解放以后，赵玉华老师非常注重对学生进行思想教育，积极带领学生参加政治活动，他带着学生，手拿小彩旗，来到石门营大道（公路）旁，欢送途经门头沟去山西解放太原的解放军官兵。还带着学生在校门外的南墙上用白灰写出：

"打过长江去，解放全中国"等激励人们斗志的标语。他自编儿歌教学生，鼓励学生学好本领，报效国家。我至今还记得他编的儿歌有一首是：

毛主席像太阳，照到哪里哪里亮；

小姐妹小兄弟，大家一起来歌唱；

小河流水哗啦啦，解放军打仗过我家；

烧点汤来送给他，同志同志喝点吧。

第三章 永定地区解放初期的教育

解放战争时期的教育实践，证明了中国共产党制定的新民主主义教育方针和政策符合中国革命的实际，为解放战争的胜利做出了贡献，也为发展新中国的教育做了必要的准备。

第一节 中华人民共和国成立至1966年前永定地区的教育发展

一、教育发展情况

（一）学校发展

中华人民共和国成立以后，开创了中华民族教育事业发展的新纪元。为了尽快改变文化教育落后的状况，党和政府将改造旧教育、建设新教育作为教育工作的首要任务，确立了党和国家的教育方针，明确了社会主义教育的方向。为了大力发展教育，国家颁布了很多文件，其中最重要的文件就是有关普及小学义务教育的问题。永定地区的教育也同国家命运相联系，开始了新的征程。

1953年，王子馨被上级教育行政部门任命为校长。据王校长回忆说，中华人民共和国成立以后，冯村小学在村西的关帝庙中，只有几间平房，没有围墙，猪、牛、马等大牲畜常常在学生上课时就进入院内，干扰学生上课学习。当时学校只设置初小，高小设在离冯村10多里以外的石门营村。学生在这里上完四年初小以后，如果还要上高小，就要到10多里以外的石门营小学就读。到1953年末1954年初，冯村小学才开始设立高小，成为一所完全小学。

公元1953—1978年，经过25年的努力，冯村小学已经建成了一所全新的完全小学。

（二）校园改扩建

据年逾七旬的闫洪章回忆，1953年2月，王子馨被上级教育行政部门任命为校长。当时冯村小学没有设立高小，学校只有一至四年级4个班的学生。可大殿内只有三个教室，大殿西上房供奉的关帝、周仓、关平塑像未拆。大殿南耳房为教师办公室兼宿舍；北耳房和南北厢房为教室。大殿东房为冯村乡政府办公室。为此，学校只能让一年级进入复试班教学。即将一年级分为两组，上午一个组和一个年级一起上课，下午另一个组和另一个年级一起上课。

1953年，王校长根据学校当前的情况，从长远的工作考虑，向京西矿区石门营小区冯村乡党委书记刘桐恩、乡长闫永德反映了学校的实际困难，希望乡政府帮助学校盖教室，并建造一个适合学生活动的操场。

闫洪章老先生还回忆说，当时关帝庙后边有一块平坦的土地，可土改时分给了村民李有海。刘桐恩书记和闫永德乡长商量，把庙后这块平地作为操场批给了学校。另外又

在别的地方为李有海重新划了一块耕地。同时又拆除了宝林寺、长寿寺等庙宇，将所拆旧木料、砖瓦、石板等，在新操场东北角盖了三间教室和一间厨房，还在操场西南角盖了三间厕所（男两间女一间）。工程竣工后，王校长还组织师生在操场四周栽了几十棵树，还在新教室前安上了简易的篮球架，建成一个供师生体育锻炼的篮球场。

又据邓广孝老人回忆，1953年2月学校除了现有教师之外，又新调来三位新老师，分别是张珊、姚大香（女）、程金良。由于学校的教师多了，并且扩建了教室，解决了复式班教学问题，学校一年级至四年级4个班的学生都可以单独上课了。

现已84岁的马桂荣老师，在1958年初担任了冯村小学校长。据马校长回忆，她上任后所做的一件最有意义的事，就是派武福源老师去当地派出所，查阅今后几年入学的新生数。不查不知道，一查吓一跳，原来近几年入学人数要增加二分之一。马校长说，自己在惊讶中想到学校的当务之急是建设教室，否则两三年后学校的教学工作便无法正常运行了。马桂荣校长说，从学校长远的工作考虑，我向文教局申请了建房资金，又找了冯村刘桐恩、李文、闫广海等村干部，希望生产队能出工出料帮助学校盖两间教室。马校长兴奋地说，当时人民公社贯彻"一平两调"（一平是实行平均供给制即吃食堂；二调是生产队的劳动力和财产无偿调拨）政策，所以冯村生产队决定只要文教局下拨一些资金，生产队可以无偿地出工出料为学校盖教室。上级下拨的资金到位后，冯村党支书刘桐恩与队长李文、闫广海一起研究，组织技术精湛的瓦木匠和几十位青壮劳动力参加施工队的施工。并在很短的时间内又筹集到了盖房的木料、砖瓦和所需的建筑材料。很快两个标准化教室（每个教室54平方米，可容纳

54名学生）便竣工了，1959年2月新学期开学时，一年级新生就进入教室开始上课了。

（三）教学工作

据李振生和邓广孝两位老人回忆，当时的教材为新式语文教材。如《小河流水哗啦啦》《毛主席像太阳》《向日葵花儿黄》《乌龟碰石头硬碰硬》等内容。数学课的教材为加减法；书法课的教材是临帖，学习小楷和大楷；同时还开设了课外阅读，课外阅读的教材有图书《小花猫的心声》《小白马的故事》等，还附加了一些"小人书"。

邓广孝还回忆说，由于刚刚解放，学校的教学设备非常简陋。当时学校所设课程有：语文、算术、珠算、唱歌、体育等。由于体育设施少，体育课只能做操、打球，没有其他体育教学项目，后来扩建了操场，新安了简易篮球架，学生可以上篮球课了。可是音乐课只能是教师教一句谱子，再教一遍歌词，并且只是干唱，根本就没有乐器伴奏。

据现年82岁高龄的武福源老师回忆，1965年京西矿区教育系统开展的"整风"运动结束后，很多学校对教师进行了不同程度的调整。全体教师的思想觉悟有了很大的提高，无论领导交给什么样的教学任务，都能够认真完成。

20世纪60年代初，赵贵担任了冯村小学校长，赵贵校长到任后，工作勤恳，待人亲切，经常听课、评课、指导教师做观摩课、给教师说课……在赵校长的带领下，学

校的教学秩序很快转入正轨，每个教师都认真负责，上级布置的各项工作完成得都很出色。

二、丰富的工会活动

（一）组织乐队

武福源老师回忆起当年的往事时总是感慨万分。他说，20世纪60年代中期，时任京西矿区教育工会主席的赵执飞来到冯村小学调研时，充分肯定了冯村小学的工作业绩，特别表扬了学校的工会工作。为了进一步活跃教职工的业余生活，他特批给冯村小学500元活动经费，用于购买乐器。买乐器的时候，由于当时门城商场没有乐器，赵贵校长便派家住城里的金铁光、赵则云两位老师去城里的乐器商场购买。

那次冯村小学购买了扬琴、小提琴（两把）、二胡、笛子、箫、撞钟、木鱼等乐器。有了这些乐器，老师们非常高兴，他们每天吃完晚饭，便认真组织在一起练习起来，很快教师们便掌握了各种乐器的操作规程和演奏方法。当时，冯村小学的教师都在学校住宿，每天晚饭后，十几位教师自觉聚在一起，活动一小时后，大家便开始加夜班，有的备课，有的批改作业，直到晚上九点多才回宿舍休息。

当时冯村小学属于石门营中心管辖，由于全体教师认真操练，在石门营中心举办的"教职工工会活动"中做过汇报演出。那时，教职工的物质生活虽然很清苦，可大家的生活和娱乐活动搞得很好，在这里工作都觉得很充实。

（二）接待国际友人

据燕学亮回忆说，1957年1月3日，《北京日报》发表了《向京西矿区的教师们学习》的社论，不仅引起全市、全区的轰动，也引起了国际友人的关注。1957年秋，英国教育工会主席吉尔斯先生通过全国教育总工会，同京西矿区教育工会文教科联系，参观、考察了"里外十三"（现潭柘寺镇、永定镇）的几所小学。各校师生与吉尔斯相见并进行了座谈，座谈气氛十分融洽。据当年六年级学生、现已70岁高龄的闫学亮回忆，吉尔斯先生在冯村小学师生为他举办的欢迎仪式上，曾热情回答同班学生李汉军的大胆提问。吉尔斯先生曾感慨地说，冯村小学条件这么差，可教师们却十分敬业，学生们这么刻苦，真了不起呀！闫学亮回忆说，英国友人吉尔斯来校考察，极大地鼓舞了冯村小学教师的工作热情和全校同学的学习热情，特别是高年级学生表示，今后一定要刻苦学习，锻炼身体，长大后为国争光。

（三）接收实习生

1959年春季，区文教局小教科送来了北京二师的八名毕业生（五女三男），安排在武福源老师任教的毕业班实习。八名师范生谦虚好学、尊重学生，在冯村小学毕业班的三个月实习中，很快便和师生打成一片。他们白天在辅导教师武福源的指导下，学习备课、讲课、班级管理、组织学生开展活动，晚上下班后也参加教师的工会活动，和老师们一起吹、拉、弹、唱，这样的实习生活使他们感到很快乐。武老师对八名师范生进行耐心地指导、启发，"动之以情、晓之以理、导之以行、持之以恒"，他的工作态度和敬业精神深深地感染了八名师范生。

在三个月实习结束的告别会上，八名师范生不但汇报了自己的收获、体会和感受，还向马校长和武老师赠送了纪念品。负责接送这八名师范生的北京二师教师，还亲自画了一幅"红牡丹"水彩画，赠送给了武老师。

三、开展各项活动

（一）参加扫盲活动

中华人民共和国成立之初，5亿共和国公民中文盲率居然高达80%。

为铲除新中国发展道路上的拦路虎，一场轰轰烈烈的扫盲运动在全国范围内开展起来。冯村小学的教师们，积极响应国家号召，先后两次参加了冯村的扫盲工作。

在1952年全国第一次大规模扫盲运动中，赵玉华等几位教师都参与其中，积极协助冯村办起了"速成识字班"，使几十名文盲不仅认识了很多字，并且学会了看报纸、写书信，还懂得了很多道理。第一次扫盲运动刚刚结束，周总理就号召："全国人民向现代科学进军"。从此又掀起了第二次扫盲运动。冯村小学又在赵贵校长的带领下，组织教师编写了识字课文，并印刷、装订成册。

据当时在冯村小学任教的武福源老师回忆，每天吃过晚饭以后，几十名师生在赵贵校长的带领下，带着油印的识字课本，到"速成识字班"给前来上课的村民讲课。不仅如此，他们还带着识字课本到农民家中，教农民认字。他们的工作受到了广大农民的热烈欢迎。

（二）成立"腰鼓队"

据永定中学退休教师闫永银回忆，1952年9月冯村小学被改为门头沟区第四中心冯村小学。当时中华人民共和国成立仅有三年，社会活动十分频繁，如"欢送适龄青年光荣参军""慰问军烈属""庆祝土地改革和开展扫盲工作"等。为适应新形势的需要，给活动增添一些喜庆气氛，很多年轻教师纷纷向领导提议，希望王子馨校长向上级申请一套"腰鼓、大镲"，组建一支腰鼓队，目的是增强学校文娱活动氛围，同时在村里开展各项庆祝活动时增加喜庆气氛。

王校长理解年轻教师的心情，当即向区文教局递交了一份申请。令年轻教师始料未及的是，这项申请很快得到了上级领导的批复，并批下了"一对大镲和十个腰鼓"。只不过腰鼓和大镲在区文教局，需要学校派人到十里外的文教局去领取。

当时年仅20岁出头的音乐教师陈杰禄和另外几位年轻教师，带着几名五年级学生，高高兴兴地把腰鼓、大镲从区文教局运回了学校。全体师生都为学校即将组建"腰鼓队"而奔走相告。

1952年10月"腰鼓队"正式成立。当时"腰鼓队"的辅导老师是陈杰禄，队长兼打镲操作手闫永银，队员（打鼓）有邓广孝、陈广忠、荣国章、闫永好、王富兰、张印增、张荣萱、张信、李芝、贾红兰、董月莲11人。

"腰鼓队"成立以后，每天下午放学后，校园里便会响起一阵阵"咚咚咚咚"的敲鼓声。因为学校当时没有围墙，这鼓声很快吸引了很多好奇的村民和学生观看，大家的眼里都流露出羡慕和钦佩的神情，直到夜色降临，围观者们依然不肯离去。

因为学校有一支"腰鼓队"，因此只要村里有年轻小伙子参军都要请学校"腰鼓队"前去送行；每年春节慰问军烈属，村内搞大型集会活动，如成立互助组、创建初级社、高级社……或学校有重大集体活动时，也都要请"腰鼓队"前去助兴。

"腰鼓队"参加各项活动，给活动增加了喜庆气氛。冯村小学"腰鼓队"坚持了很多年，在冯村广大村民中留下了深刻的印象。

（三）开辟小小种植园

据武福源老师回忆，马桂荣老师任冯村小学校长之初，正值1958年。那年9月，中共中央、国务院发布了关于《教育工作的指示》，要求中小学加强生产劳动教育，并开始增设"生产课"。为落实中共中央、国务院关于《教育工作的指示》，冯村小学积极贯彻"教育为无产阶级政治服务、教育与生产劳动相结合，培养德、智、体全面发展的有社会主义觉悟有文化的劳动者"的教育方针，开辟了劳动实习基地即"小小种植园"。

在建园之初，为了解决建园用地问题，武福源老师陪同马桂荣校长多次与冯村生产队联系，协商解决学生劳动实习基地的用地问题。经过与冯村大队协商，最终将冯村东头——万潭公路边上的一亩水浇地划给了学校，为学校解决了学生劳动实习基地问题。学校将这块地命名"小小种植园"，作为冯村小学教师和五六年级学生的劳动基地。

"种植园"由武福源老师负责，由他制订种植计划并安排课程。武老师不仅适时向学生讲解农业知识，教学生认识种子和如何进行田间管理，除此之外武老师还根据农时，教授学生如何"耕作、种植、施肥、浇水、打药"。

学校在种植园里种植了玉米、豆角、架豆、黄瓜、大蒜、茄子、小萝卜、菠菜、小葱、青萝卜等农作物和蔬菜。为了把种植园里的农作物和蔬菜种好，当时年纪已经50岁开外的金铁光、杨洪祥两位老教师，经常一起淘厕所，然后一桶一桶地将大粪抬到"小小种植园"里，再和水一起浇到农作物上。由于计划周到、管理有方，再加上学校定期安排全校教职工和学生一起去"小小种植园"参加劳动，"小小种植园"里的各种青菜长势很好。

开辟"小小种植园"不仅让学生有了学习农业知识的实习基地，也改善了教师们的生活。冯村学校的"小小种植园"经营了十年。由于小学生在老师的带领下亲自参加劳动，不但学习并掌握了很多农业知识，还对劳动有了深刻体会，对劳动更加热爱了。

武福源老师还说，当年厨师王长友，在工作之余，用食堂积攒的泔水和摘下的菜叶子，养了一头肥猪和几只鸡……极大地改善了教职工的生活。学生们不仅尊敬金铁光、杨洪祥两位老教师，还异口同声地称呼王长友师傅为"王大爷"。

第二节　为人师表的好教师

一、赵玉华和他的残障学生

河北省武安县的赵玉华老师,在大饥荒时的1943年(民国三十二年),背井离乡、携妻带子来到京西宛平县永定地区。几年后才在冯村定居下来。鉴于赵玉华读了几年私塾、有一定的文化水平,到冯村定居后经人介绍到冯村学校当了教员。

从1947年3月走上教育岗位起,到1982年光荣离休为止,赵玉华在冯村学校这块充满希望的沃土上,辛勤地耕耘了35年,可谓硕果累累、桃李满园。赵玉华的师德和业绩,多年来一直受到冯村村民和学生家长的肯定和好评。

年逾七旬的刘学章老人,5岁那年因得脑膜炎而发起了高烧,为医治"失聪、耳聋、口齿不清"的后遗症,父亲曾背着他跑遍了城里的多家医院,钱没少花却不见疗效。过后,他的父亲又托人去北京协和医院为他诊治,也疗效甚微。9岁那年,父亲带他去北京聋哑学校求学,可好话说尽,学校却以他年龄较大和不懂"手语"为借口,拒绝了他上学的请求。当他求学无望、求医无门之后,时任冯村学校主任教员,一、二年级复式班语数教师的赵玉华,没有嫌弃他,也没有把他当成累赘,让他和正常儿童一样,实现了上学读书的夙愿。

刘学章和适龄儿童一块上学读书,父母心里自然十分兴奋。可他们哪儿知道,自己的宝贝儿子给赵玉华添了太多的麻烦。转眼间,五年过去了,他即将升入的毕业班老师根本没有时间像赵老师那样给他单独辅导。无奈之下,父亲决定让他退学回了家。

可以说，赵玉华教出了一批批合格的正常儿童，也使刘学章这位失聪的残障儿童掌握了很多知识和学习方法。特别是教他学会了注音字母的读写、拼音、查字典的方法及书写毛笔字和画工笔画儿，这些使刘学章终身受了益。

赵玉华是这样耐心教授刘学章的。有一次，赵老师教刘学章b、p、m、f四个字母，他先在黑板上写出这4个字母，之后大声地读了两遍后，接着就开始逐个教授这几个字母。赵老师读"b"时，右手拿着一个圆形玉米面饼子，大声冲刘学章说，这个字母念饽，就是我手中的"饽、饽"，饽饽可以吃。在学"p"时，赵老师告诉刘学章，念"泼"，然后端起一个盛着水的碗，做出泼水的动作，并大声念，是泼水的泼。学"m"时，赵玉华当场演示盲人摸象的动作、手势，告诉刘学章这个字母念"摸"。学"f"时，赵老师双手合十虔诚地念起了"佛"，说"f"是阿弥陀佛的"佛"。

在学拼音时，赵玉华老师首先把"b"和"a"写在黑板上，并反复冲刘学章念叨b（饽）、a（啊），还告诉他读"a"（啊）时，要把嘴张大呈圆形。赵老师教他b、a拼音四声读"爸"，m、a拼音后读"妈"，并现场演示捋胡子的手势，说长胡子的是"爸爸"，又用右手摸脑后，说后脑勺有纂儿的是"妈妈"。

赵玉华老师现场演示出一系列动作，又念出注音字母的准确读音，刘学章当场记住了，每当他念对了一个注音字母的读音，赵老师总是微笑地冲他竖起大拇指。对于刘学章来说，赵玉华老师似一盏闪亮的明灯，指引了他人生前进的旅程；赵玉华老师像一把万能的钥匙，打开了他心灵中求知的大门；赵玉华老师更像知识航船上的舵手，帮他在驾驭知识的大潮中自由驰骋……

几十年来，刘学章能看报纸、看小说，在春节时为村民写春联，为祭奠村里逝世的老人书写挽联、挽幛。据闫洪元老师回忆，自己家1967年盖房子时，曾请他在新建的白色影壁墙上，用毛笔书写过毛主席的七律《人民解放军占领南京》。他还曾在村子临街房屋的后墙上，画过很多大肥猪、大麦穗、玉米等宣传画。

刘学章成年后，父母托媒人为他说了一位有聋哑残疾的媳妇，别看夫妻二人都有残障，可身体都很健康。不论是走集体化道路时还是实行联产承包责任制后，夫妻二人都是农业战线的一把好手。随着日子越过越红火，他们的三个孩子都已长大成人，工作在不同的岗位上。

校史编写小组的几位老师采访他时，刘学章还现场讲述说："由于赵玉华老师教会他查字典，他才在后来的几十年人生中，借用字典这个工具书，能看《北京日报》《人民日报》《三国演义》《西游记》《杨家将》等"。他能绘声绘色地讲述书中的历史人物，还能做出不同动作、手势、嘴脸，来展示书中历史人物的特征。他说，赵老师是他一辈子的恩师。

在冯村小学百年校庆之际，刘学章激动地现场挥毫泼墨，写出了苍劲、有力的四个大字——"感谢师恩"。

二、怀念金铁光老师

闫洪元老师回忆说，在我小学六年的学习中，分别有六位教师教过我，给我印象较深的老师有李宗义、武福元和我五年级时的班主任金铁光老师。金铁光老师当年50岁左右，高高的个头儿足有一米八，很帅。听说他是满族人，待人平和，说话讲课时总是面带微笑，他与同事和学生家长讲话总是"您您"地称呼他们，给人一种知书达礼的感觉。

他待人随和，但对待犯错误的学生进行批评的时候却是很严肃的。同学们都很喜欢、尊敬他，很多学生家长也都很尊重他。

金老师对待学生管理严格但不严厉，师生关系十分融洽，他教育学生时总是晓之以理，动之以情。在教育环节上总是贯穿着讲道理的方法，使学生从心里服气，从而能够主动克服自己的缺点，改正自己的错误。

闫老师说，我至今还清楚地记得五年级开学的第一天，当我走进教室后，突然眼前一亮，第一眼就看到了木质黑板两旁（注：原来的黑板是用灰抹的，大于当时的标准木质黑板）各书写的一句话：右边是"既要学习知识"；左边是"又要学习做人"；上边是"好好学习　天天向上"。黑板的左上角空白墙上贴着一张马克思语录："科学没有平坦的大道，只有不畏艰险，沿着陡峭的山路攀登的人才能有希望达到光辉的顶点。"

这个教室的环境布置，使同学们为之一震，立刻感觉到这个班主任不一般，大家都对金老师增添了几分敬意。

金老师很注重对学生进行法制教育。开学第一课，金老师做了自我介绍之后，便向我们讲学习知识和学习做人的关系及重要性。他讲在学习知识的同时，一定从小就要学会做人，要做一个有文化、有道德的人；做一个对家庭、对国家有用的人。他还说，我们都是自然人，但做一个有知识、有文化、有道德的人不是很容易的，一个人如果不进取，学坏很容易，你们现在这年龄正是长知识学做人的好时光，千万不要错过，要珍惜时间，一寸光阴一寸金，寸金难买寸光阴，时光逝去就不会再来了。

金老师还经常利用班会时间，给同学们讲当代英雄模范人物的故事，用以激励学生。如优秀还乡知青邢燕子、董家耕；为保卫国家财产扑向火海而献身的向秀丽；为保卫集体财产而献身的少年英雄刘文学和毫不利己专门利人的解放军叔叔雷锋等。他总是用他们的事迹潜移默化地影响学生。同学们深受鼓舞，因此学习有了目标，班里纪律非常好，学习气氛也逐步浓厚起来。

记得有一次，金老师在自习课上批改学生作业时，发现有几个同学没认真写作业，他们的作业不但乱还有错题。他皱了皱眉头，但并没有批评他们，而是将作业本当堂发给了学生，让大家自己看，并淡淡地说了一句："今天的作业有几个同学没认真写，你们在糊弄我吗？"接着他便给我们讲了一首不知是诗，还是顺口溜："少年青岁月，不尽早暮身，晚年无成就，低头避故人。"并写在了黑板上。

面对此诗同学们不解地问老师是什么意思。于是，金老师给同学们讲解了这首诗的大意，即人在少年时正是学知识、长技能的时候。可有些人却不用功学习，而只顾开心地玩，或者懒得学习写作业，糊弄老师，荒废了青春学习的好机会。成年之后，一无所成，既无文化又无技能，无家又无业，漂流在社会上。偶然一天在路上老远就见到昔日学有成就的老同学，西服革履地向自己的方向走来，再看自己这身行头无颜面对，只好将头扭向一边，低头回避，装作没看见，这就是"低头避故人"。同学们听后，印象非常深刻，受益匪浅。为了晚年不低头避故人，同学们都做到认真听讲，努力学习。自此以后不认真完成作业的同学少了，班里的学习氛围更浓了。

在此后的多少岁月里，我的脑海里时常浮现起金老师讲这首诗的情景，并用它勉励自己。即便成人之后偶遇老同学时还相互用"低头避故人"自嘲。

无论阶段测验，还是期中、期末考试结束。金老师都会把同学们的成绩用毛笔抄出，贴在教室墙壁上的学习专栏里。专栏上用毛笔写的几个大字"种瓜得瓜，种豆得豆"，用其鞭策鼓励学生努力学习。使同学之间暗暗地展开了学习竞赛。

五年级这一学年，我不知怎么过的这么快，转眼到了学年期末。在放假的前一天，金老师在班上做了最后两件事：

第一件事是金老师当着全体同学的面,在黑板上将一年收的班费和支出的数额,每笔支出的用处,一样一样,一笔一笔,清清楚楚地写了出来。然后将一年所收班费总数减去支出总数,再用余额除以全班人数,得出每个同学领回的钱数,然后一分不少地分给了我们(记得当时每人也就一角多钱)。

第二件事是结完账后,金老师语重心长地对我们讲:"教你们这一学年就要结束了,我能力有限,但我尽力了。对个别同学有时急躁,可能伤了你们的自尊心,请同学们谅解。我很喜欢咱们班同学,说真心话,我舍不得离开你们,今天向同学们透露一个消息,昨天听校长说,下学期教你们六年级的班主任老师是从大峪一小调入的李宗义老师,据说他教过多届六年级毕业班,经验很丰富,师生关系处得也很好,希望同学们一定要尊重李老师,认真、努力学习,争取都能考入初中。"同学们眼含泪花听完金老师对大家的嘱咐和期望,大家多想让金老师继续教我们呀。

金老师在教育教学中的感人事迹不仅只有这些,还有很多我就不一一赘述了。他就是这样一个普普通通的农村教师,20世纪50年代初调入冯村小学,教过的学生一茬又一茬。凡是金老师教过的学生的家长,几乎没有不尊重他的,在冯村村民中,他的口碑是相当好。金老师直到退休也没有离开永定镇,前半生都贡献给了永定地区的教育事业。

光阴如箭、日月如梭,转眼50年过去了,金老师虽然已经辞世多年,但他那高尚的品质和对学生的辛勤付出及谆谆教诲的情景始终历历在目。

"经师好觅,人师难寻",前人之语可谓粹语名言,振聋发聩,人之一生,如若能够得到一贤师、名师的教化提点,可以说是莫大之福了。金老师使我终生难忘,在我们读书时能够遇到这样的可敬的老师,是我们最大的福分。在我从事教育之后,始终以他为楷模,以他做人做事的风格待人做事,我也要做金老师那样的一个受人尊敬的教师。

第四章 永定地区1966—1976年期间的教育

第一节 中小学学制改革

1968年，北京市开始进行中小学学制改革。改革的主要内容是对招生季节和学制进行变更。原来每年招生都是秋季，这次教育体制改革是将秋季招生改为春季招生；小学学制由6年改为5年，初中学制仍为3年，高中学制由3年改为2年。

1968年2月招收一年级新生。这时1965年秋季入学的学生为二年级，1964年秋季入学的为三年级，1963年秋季入学的学生为四年级，1962年秋季入学的为五年级。

第二节 冯村"抗大小学"

1967年，张广仁在广大学生家长的要求下，组织召开了冯村六个生产队队长会议，商议怎样将学生招回学校。但如何解决教师问题呢？不知是谁说了一个消息，他说学校只有王桂银和韩连英两个老师在，能否把他俩利用起来呢，大家一致认为这是一个好办法。

于是张广仁大队长立即到石门营中心学校，找到校长李树珊，向他反映了学生家长的要求和大队的意见。大队又找到王桂银、韩连英两位教师与各队队长一同研讨，经过几番讨论，最后形成了统一的意见：从各队抽调几名有一定文化知识的青年，同王桂银、韩连英两位老师一同组织一个临时教师队伍，组织学生到学校上课。会上还决定这些青年"教师"的报酬由大队统一解决。随后大队抽调闫永锡、闫洪申、闫洪顺、孟宪珍、刘学秀5位青年（其中2位高中学历，2位中专学历，1位初中学历）到学校担任了教师工作。

当时没有教材，按当时的政治形式，只能组织学生回校，以原班为单位学习，因此有人建议将这个临时组建的学校取名为冯村"抗大小学"。

在冯村大队领导和各生产队长的支持下，冯村"抗大小学"就这样成立了，大队指定王桂银为冯村"抗大小学"临时负责人。

据当年在"抗大小学"任过教的冯村青年刘学秀、公办教师韩连英和一年级学生史广建、孙振国回忆，"抗大小学"成立后学生主要学习的教材是用学校的油印机印出来的。

韩连英老师负责全校体育、音乐课，教学生唱《东方红》《大海航行靠舵手》《学习雷锋好榜样》，体育课主要由老师组织学生学习少年广播体操、玩球、跳绳、做游戏等。

1967年9月、10月，石门营中心领导重新调整了各校教师的人事安排，并安排各校复课。复课后学校的教学秩序逐渐恢复，同时村里所派去的临时青年"教师"也撤回了生产队，冯村"抗大小学"也完成了其历史使命。

第三节 招收民办（代课）教师

1970年3月14日，门头沟区永定公社做出了《关于落实中小学体制的意见》：决定"永定地区的中小学由公社领导，并成立永定公社文教组；各村小学和附属中学班在公社文教组的领导下由所在大队管理。"自此冯村小学也开始由冯村大队管理。

1970年4月27日，为缓解冯村小学师资缺乏的矛盾，冯村大队经请示永定公社文教组批准，决定抽调4名有知识的青年到冯村小学任民办教师，也叫赤脚教师、队派教师。民办教师的主要任务，一是解决教师缺编问题，二是按照当时政治需要，给国家教师队伍"掺沙子"，改变原来教师队伍人员的结构，突出贫下中农管理学校的优势。

民办教师在学校与国家教师的工作量是一样的，国家教师每月按级别由国家开支；民办教师是生产队记工分加补贴，即国家每月给每个民办教师拨款20元，其中15元缴给生产队，生产队按队里同等劳动力给记工分，男的每天记15分，女的每天记13分。（当时每个工分分值是0.03～0.05元）余下的5元为民办教师的工作学习津贴。

民办教师除按学校规定在上班时间到学校工作外，周六日和寒暑假还要参加生产队的劳动，否则这个时间内是不给记工分的。农忙时还要早、晚战，早战时间是早晨5:00—7:30，晚战是晚7:00—9:00（早晚战主要是秋收秋种，夏收夏种及锄地追肥等农活儿）。参加早战有时劳动地点离学校较远，他们怕误给学生上课，就事先带上干粮（早饭）从地里直接到学校，到校后擦擦脸把饭吃了就去上课。女民办教师还要用仅有的一点时间梳理一下头发，再随便吃点干粮，就去课堂上课了。

1984年全国实行包产到户，生产队解体。全体民办教师通过考试合格的都转成了代课教师，由国家按月开支。

第四节　代课教师马淑霞的教育情节

在冯村代课教师中有位马淑霞老师。闫洪元老师回忆说：马淑霞老师出生于1938年，1960年毕业于门头沟石门营中学，1972年3月由冯村大队党支部派到冯村小学做民办教师工作，冯村小学当时由冯村大队党支部管理。当时全区教师都缺编，各校教师都是一个萝卜一个坑。当时学校有一个教一年级的公办教师一个月后要调走，所以村党支部选派马淑霞老师到校接替这个一年级并担任班主任工作。

马淑霞老师到校后，学校领导安排那位即将调走的老师带马老师一个月，主要帮助她熟悉教材、学习教法包括如何备课和讲课、指导课堂、批改作业等。校领导组织老教师和同班老师多次听马老师讲课，并进行讲评指导。马老师虚心好学，工作主动、努力提高自己的水平。在她的努力下，很快进入了角色。

马老师热爱她教的每一个学生，她喜欢脑瓜快、学习好的学生，但也没放弃过一个脑瓜慢、学习差的学生。对于个别脑瓜慢、学习成绩差的学生她不但有爱心，更有耐心。当时由于学校教室不够用，所以一、二、三年级基本都是上二部制，即两个相同班级同用一个教室上课。每班只有半天可用教室上课，另外半天只好由教师组织学生在校园内的树荫下，坐在自家带来的小板凳上，用小黑板学习。马老师的班也是二部制。几乎每天下午放学后，马老师的办公桌旁总会有两三个学习差的学生，她一边备课、判作业，一边给这几个学生补习功课，给学生补课必须要求听懂后，再让其做一遍，才放他们回家。

闫洪元老师回忆道：

1980年他担任冯村小学的校长。那一年学校招收一年级新生，在分班的时候不慎将两个同名同姓的新生都分在了马老师的班内。开学第一天，马老师点名时发现班里有两个叫董学强的新生，于是下了课就找到学校领导，要求是否与其他一年级班调换一个学生，学校领导同意了马老师的要求，立刻从一年级二班调换了一个学生，把马老师班中一个叫董学强的学生调到了二班。

可是万万没有想到，第二天早晨学校领导来到学校，被调到二班的那个董学强与其母亲就早已在我的办公室门前等候了。我忙开门将娘儿俩让进办公室，刚一进办公室的门，这个董学强的母亲就问我为什么将她家的孩子调到二班了。我告诉她学校没有别的意思，就因为分班时疏忽了，将两个董学强分到了一个班里，为了便于管理，必须得将两个同名同姓的学生分开，其实在哪个班都一样。

没想到那位家长毫不犹豫、斩钉截铁地说："不一样！今天我就是给孩子改名字也要让他在马老师这班上学！"

我听到这突如其来的回答立刻愣住了。看来这个家长是有备而来啊。于是我问道："您为什么宁可给孩子改名，也要让他在马老师班上课呢？这值得吗？"她说："我早就调查好了，我不只是就这一个孩子，他还有两个姐姐在这学校念书，她们早和我说了让他弟上一年级时必须上马老师的班，她们说马老师教一年级在全中心都有名，是最好的老师。她对学生不但有爱心，还有耐心。她对学生好，好多家长都知道。好不容易我的孩子分到马老师这班了，又让你们给调换到二班去了，所以我只好给孩子改名字，总可以了吧。"

听到这里，我无话可讲，原来家长早有准备，只好接受他们要求——改名后回一班上课。第二天马老师告诉我说要改名字的那个董学强已改名字叫董学刚，调换过来的那个学生家长也不让他的孩子回二班了，学校只好同意将他也留在了马老师的班里。

闫老师说，说实在的那几年一年级招生前，总有些家长托认识的老师想把他们的孩子安排在马老师班。到1983年暑假前我调离冯村时，马淑霞老师一直教一年级。后据武福源主任说，马老师直到退休前都在教一年级。

1979年11月下旬，区教育局小教科杨荫远科长带领部分农村中心主管教学的主任、校长一行十几个人分几天到冯村中心学校进行教学检查和教研活动。活动中他们分别听了一、三、五年级的课，在24日的研讨会上，东杨坨中心的孙主任这样评价了马老师的课："试听了马老师的课，感觉她教学经验比较丰富，备课细致、全面，教学态度比较好；她对学生亲切，讲课语言生动，学生精力集中，并积极动脑、动手，课堂气氛活跃；上课时学生累了马老师还让学生休息一会儿，很有规律；识字教学很有条理性，能坚持启发式。教学有规律，学生也很懂规律。我建议在全中心内多组织一些马老师的观摩课，对其他老师教学水平的提高是很有帮助的。"

1981年3月我参加教育局召开的人事会议，主管人事的副局长赵连荣在会上讲：当前全市教师超编，门头沟超编300多人，市里政策是郊区县组织民办教师考核，成绩不达标的要辞退一部分，分数线市里不作统一规定。

同年6月19日，区教育局向各中心校布置了民办教师考试工作。原则是考试成绩不达标的民办教师要辞退，并公布了考试时间和科目。所有民办教师闻讯后都抓紧课余时间复习备考。个别民办教师甚至背着学校领导挤占教学时间，抓紧复习自己的考试科目。可是马淑霞老师却与往常一样，依旧按部就班、踏踏实实地给学生上课。

记得那是一个周六下午，师生都已陆续离校回家了。我到校园检查各班教室的门窗是否都关好，当转到教师办公室时，听到里边还有说话声音。我走进一看，原来是马老师正在给两个差等生补习功课呢。我的眼湿润了，随后我不顾学生在场了，激动地说："我的马老师哎！都快考试了！您怎么还不着急复习自己的功课呀？您考完试再给学生补课不行吗？"

马老师却平静地说："这两个学生脑瓜慢，这道题我现在不给他俩弄明白了，怕以后越积越多，成绩就更差了。他俩今天不弄明白，我不忍心放他们回家。"我说："那您也得抓紧时间复习您要考的知识呀！万一考试成绩不达标可要辞退呀！您可就要失去这份您热爱的工作了。"

她说："您说得对，是这么个理儿，可我总觉得他们听明白了我心里才踏实。"

停了一会儿她指着办公桌旁放着的一个布书包说："您放心，我有准备，我带来了两个窝头，等学生走了我吃完就复习，我离家近，在办公室复习比在家里还安静呢！没有孩子打扰，家里的事儿中午我已安排好了，晚些回家也没事儿。"

我说："您也不要太晚了，要注意身体。"

她说："没事，您放心吧！"

同年9月中旬，全区民办教师统一考试结束，9月下旬的一个周六下午，我接到当时中心校长杨福成的电话，要我去中心找他，有事和我说，他说电话里说不方便。

下午三点我骑车到中心校长室，杨校长对我说："老闫，今天为什么非让你到我办公室，是有件事必须跟你当面讲，因为现在还在保密阶段。"

我问他："什么事儿，这么神秘？"

他先向我讲述了这次全区民办教师考试的相关情况，然后对我说："今天先向你透露一个消息，这次民办教师分数达标线已经出来了，对老师暂时还保密，待下周正式文件下来，公布后不达标的民办教师就要回生产队了。"

我马上抢问道："我们学校有几个人？都有谁？"

他说："你听我说啊，你们学校有两个人没达标。"

我忙问："都是谁？"

他说："你着急什么呀，听我说吗！你们学校有马淑霞和荣某某，马淑霞差3分，荣某某差8分。"

听了这个消息我心里咯噔一下，担心的事还是发生了。马老师就差3分，太可惜了！

"还有补救措施吗？"我急切地问。

他有点惊奇地问："补救措施？老闫你有什么措施吗？"我说："您能否向局人事科反映一下马老师几年来的工作业绩，给争取一下。"因为现在这石门营中心，是当年9月由原来的冯村中心、稻地中心、石门营中心，三个中心合并的。杨校长又是新从大台调来的，他还不了解马老师的工作情况，于是我便把马老师几年来的工作事迹及学生家长的反映向他做了重点汇报。他听说后："单凭你讲这些可能作用不太大，因为这次政策，主要是看成绩，光凭你说、他说，谁都说自己学校的老师好，那不就乱套了。"

我说："那你看我去局人事科争取一下总可以吧？"他说："那随你吧，我这新来乍到的，情况掌握的不多，我不支持，也不反对。"

我对杨校长说："只要您不反对，就是对我们的最大支持。"

天很晚了，我怀着沉重的心情回到学校。这时校园已经看不到人了。

我走到教师办公室旁发现窗户还没关上，里边还有人吗？我从办公室的后门儿走进去，呈现在眼前的一幕简直让我无法接受，马老师还聚精会神地在小黑板前，给两个差等生讲解数学题呢。师生的精神是那么集中，我进了屋谁都没发现。责任心这么强的好老师，因为3分之差下周就要辞退了，我真接受不了这个现实。这时我脑海里突然出现这样一个想法：此时的马老师就像一个好端端的人突然得了不治之症，而她自己却浑然不知。还和健康人一样做着她该做的事儿，太惨了！我什么也没说，鼻子一酸，泪水在眼眶里打起了转儿，悄悄地回到了自己办公室。这么好的老师有什么办法将他留下呢？我的脑海里翻来覆去，恨不得自己就是人事科长，能破例把马老师留下。

终于挨到周一，早晨上班后我第一件事就找到负责教学的主任武福源老师。向他讲述了周六发生的关于马老师的事儿。

他听后也非常震惊和痛惜，并着急地说："怎么办呢？得想个办法将马老师留下呀。"

我说："是呀！我也这么想的，所以才来找您商量的吗？您说个办法？"经过一番讨论，最后统一意见：只有死马当活马医一条可走的路，即到局人事科反映马老师几年工作业绩及家长对他的反映，求得人事科有关领导的重视，也许还有希望将马老师留下。如此路通不过，只有抱憾终生了。

我与武老师统一思想后，我立即骑自行车赶往8里地以外的区教育局人事科。

科长孙树茂正好在办公室，他放下手中的工作问我来意，于是我便滔滔不绝地向他讲述了马老师这几年的工作表现及家长对他的反映，和我代表学校的诉求，即破例将马老师留下。孙科长听后有所触动，但破例留下马老师他也很为难，沉思了一会儿对我说："老闫，你应该知道全区参考的300多名民办教师，差3分的可不就马淑霞一个人？说不定还有差一两分的呢？我虽然没有统计但也有十来个人，都破例吗？再有，你说马老师好，他说刘老师好，还有说李老师好的呢？光凭说不行，得有个凭据呀！"

他提到凭据，不知怎的我突然眼前一亮，立刻情不自禁地说："好了！马老师有救了！"孙科长一愣，问我："怎么个有救法？"

我说："你不说我还给忘了，马淑霞1988年曾被评为门头沟区先进教师。"孙科长忙问："有凭据吗？"我说："当然有，我那有张局人事科发的关于马淑霞被评为门头沟区先进教师的通知书，是专门发给学校留档的，还盖着教育局的大印呢！"

孙科长听后面带微笑说："那好，你把那通知书送到我这来吧！如果真是那样，马老师还真有点希望。但我也得向局里汇报、争取。但是我们的原则是：决不让先进教师吃亏。"说完他与对桌的李炳云老师商量了一会儿，最后达成一致意见后对我说："老闫，明天之前你必须把那通知书送来，这几天上边就要定辞退政策了。算你来的及时，晚了就没戏了！"我说："不用等明天，下午我就送来。"他说："那更好！为了马老师你辛苦点，也是支持我们的工作。"

当时我的心情非常激动，于是对二位领导说："我代表冯村贫下中农，代表马老师感谢二位领导的支持！"然后我深深的给他们鞠了一躬。下午我将那通知书交给了孙科长，他看完后说："老闫，我真佩服你对工作的执着，你走后我已将你反映的情况向局长作了汇报，有了这个凭据，马老师留下应该有希望。回去等消息吧！但这事儿要保密。"我说："放心吧，科长！"

9月26日，永定中心在石门营小学召开各校领导会议，杨校长公布了区教育局关于这次民办教师考试的情况，达标分数和优待政策，其中有一项是：近年来被评为市区先进的民办教师加5分，总分达到170分以上者留在学校继续任教，169分以下的只能回生产队了。接着他宣读了各校被辞退教师的名单，听到杨校长宣布的名单中没有马淑霞的名字，我终于长出了一口气，悬着的一颗心终于落下了。杨校长最后指示，各校领导一定要做好被辞退教师的思想工作。

会后我立即骑车赶回学校，将这好消息告诉了还在等消息的武老师，他听后高兴得像个孩子，压低了声音说："我们胜利了！马老师终于留下来了！"

为了不给马老师增加思想压力和顾虑，我和武老师商定马老师这件事永远不向她讲明，也向全校师生保密。直到马老师去世之前，我们从来没向任何人透露过这件事。

在马淑霞老师去世之前，已有3位代课教师转正后，成为学校骨干的教师相继去世。她们都是女性，也都比马老师年龄小，她们是李秀芬、李淑银、闫桂新，其中李秀芬、闫桂新还没退休就离世了。她们和马老师一样，在教育教学工作中不争名、不争利、默默无闻，她们都属于那种自觉自愿为做好教育教学工作努力拼搏的教师，在她们的脑海里只有工作、事业、学生……唯独没有考虑自己的身体；她们都是常年积劳成疾才过早地离开了人世，她们是永定地区教师的榜样，也是教育事业的楷模！

1986—1990年，这段时间里，北京市举行了几次代课教师考试，通过考试达标的代课教师陆续转为国家公派教师。

第五节　党建工作

1974年3月4日，永定公社革命委员会颁发了《关于落实中小学体制改革的意见》，决定中学由公社领导，中学班和小学由所在大队管理。从此冯村小学的党政工作由冯村大队领导，教育教学业务由公社文教组领导。

冯村大队为了加强党在学校的领导，于1974年11月27日，建立了冯村学校历史上第一个党小组，闫洪元为党小组长。1974年12月9日，冯村大队党支部委员、贫下中农管理学校代表闫笃平在全校师生大会上宣布了冯村学校党小组正式成立。

闫洪元代表全体党员在大会上发言，之后各班师生还表演了自编的庆祝节目，其中体育教师和学生共同演出的表演唱，受到了党员和在座的师生们的好评。12月10日，召开了党小组成立以后的第一次党小组会议，参加党小组会的党员有闫洪元、刘秀荣、刘砚生、李文远4人。本次党小组会议的主要内容一是学习新党章；二是定出党小组每周学习时间和学习内容，规定党小组每周活动时间为周三下午课后一小时，讨论在学校各个岗位上的共产党员如何发挥模范带头作用；三是定期召开积极分子会议，学习新党章，学习教育战线上党员先进事迹，激发大家工作积极性，在教育教学岗位上做出突出成绩，带领全体教师掀起教育教学"比、学、赶、帮"的热潮。

当年12月底党小组收到了7名教职工递交的入党申请书，团支部收到70名学生递交的入团申请书。

1975年4月22日，冯村大队党支部发展了学校第一批新党员共3人，他们都是学校教学第一线的工作骨干。他们是小学教师李淑银、王洁银、中学教师陈景泉。

1975年7月4日，冯村学校党小组又发展了学校68岁的老厨工王长友为新党员。王师傅是20世纪50年代末来到冯村小学工作的，几十年来他工作始终兢兢业业，每天要做十几人的饭，还要负责烧开水送到教师办公室，有时还要到半里地以外的井里去挑水。每天上下课拉电铃也由他负责。他的工作非常忙，也很累，但是他十几年如一日，任劳任怨，并积极靠近党组织，这次发展他入党，了却了他一生的心愿。

1975年8月，经永定公社党委批准，冯村大队党总支成立，下设7个支部，冯村小学为第七支部。

冯村学校党支部由3名支委组成：通过选举选出了书记闫洪元、组织委员刘秀荣、宣传委员陈景泉，这个选举结果报请永定公社党委批准后，党支部正式开展了工作。

党支部成立以后，积极坚持"三会一课制度"，具体活动时间安排在下午课后或下班以后。党支部在学校各项工作中积极发挥着战斗堡垒作用，党员也充分发挥先锋模范作用，为教师树立了榜样。组织委员刘秀荣利用课余时间，同积极分子谈话，鼓励他们客服工作中的困难，积极向党组织汇报思想，在工作中发挥模范作用；宣传委员陈景泉，利用自己文科教师的长处，出板报、写专栏、讲党课等，宣传学校教师中的先进事迹。

党支部的一切工作都围绕着如何贯彻执行党的教育方针，培养德、智、体全面发展的有文化、有社会主义觉悟的劳动者这个重心展开。

党支部通过开展各项教育活动，推动了全校教育教学工作的发展。

第五章　永定地区1976年后教育发展历程

第一节　永定中心小学诞生

关于永定中心小学的诞生还经历了一番周折，当年在这里工作的闫洪元老师回忆了当时的情景。

1981年6月29日，门头沟区教育局党组书记张忠勇在局会议室召开全区校长会，会上张书记讲了当前的一些工作，特别讲了关于压缩高中、调整中心学校的有关事情。当时全区有高中15所，只保留8所，其中门城镇保留4所，农村乡镇保留4所，这8所高中学校中，有6所完全中学。全区中心小学有24所，保留21所。

闫老师说，他当时担任冯村中心小学的校长。会后他听到有消息说区教育局和永定公社共同协商决定，把永定地区的3所中心小学，合并成一个中心小学。闫老师说，他当时听到这个消息后，就立刻找到当时冯村中心小学分管中学班的武福源主任商量，争取将合并后的中心小学设在冯村。

闫老师说，当时永定地区有3所中心小学，分别是冯村中心小学、稻地中心小学和石门营中心小学，综合3所学校的地理位置、校园规模、教学班数、学生数及交通通信设备（直播电话）等情况，冯村中心小学的条件都优于其他2所学校。他们决定要和领导讲清楚自己的看法，力争将合并后的中心小学设在冯村。

1981年9月20日，区教育局主管人事的副局长赵连荣与财务科陈玉科等人来到石门营中心小学办公室，召开了3所中心小学主要领导会议。赵副局长讲了一些全区教育形势后，就宣布了局党组的决定，从即日起将永定公社内的3所中心小学合并成一个中心小学。地点设在原石门营中心小学，新成立的中心小学命名为石门营中心小学。中心小学校长为杨福成，书记由董朝海担任。

赵副局长讲完后，问在座的领导有无不同意见，这时，我抢先说："局长，三个中心小学合并我没意见，只是对领导把中心小学的位置设在石门营觉得有些不妥。我建议把中心小学设在冯村，理由是：冯村地理位置好，交通方便，校园面积开阔，校容校貌也好；另外学校办学规模大，学生生源多，有12个班，353名在校生；学校还有外线直播电话，局里及各科室与中心小学联络方便、快捷。中学班撤走后，有很多空余教室，可以为学校召开各种会议、举办各种活动提供好的场所，以上优势是石门营中心小学无法相比的。"

赵副局长听后深有感触地对闫洪元老师说："你讲的不无道理，但现在要是搬到你们那里去行吗？"闫洪元说："行，但不能挂石门营中心小学的牌子，如果那样，冯村的贫下中农会给你砸了的，应该挂'永定中心小学'的牌子。"

闫洪元对赵局长说，我虽然是冯村人，但我并不主张挂"冯村中心小学"的牌子，因为即使中心小学设在冯村，我们也是永定地区唯一的一所中心小学。

赵副局长最后说："老闫你讲的我都理解，中心小学改地点容易，但改校名要重新办理很多手续，需要局党组通过，还要上级审批，另外还要改公章和账号等，需要很长时间。现在又面临开学后好多工作要做，因此你的建议我们可以考虑，目前这所中心小学，就先设在这里吧！现在改不了了，以后再说吧。"

1981年10月中旬，期中考试以后，冯村小学最后两个中学班撤到了石门营中学。从此，冯村中心学校又回到原点——冯村小学。

1983年6月下旬，我接到局人事科科长王学仁电话，要我到人事科去有要事商量。下午，我骑车赶到人事科，王科长和我寒暄了几句，便进入正题，"老闫，今天我受党组委托，找你说件事，为了加强对区重点中学的领导工作，教育局党组决定调你去大峪中学，担任总务副主任。配合学校老总务主任的工作。"我一听简直蒙了，愣了一会儿，我说："王科长，千万别这样做，大峪中学是市重点中学，我胜任不了这个工作，您还是另请高人吧！"王科长说："老闫，你先别谦虚，据组织了解，你在冯村干的还挺有成绩的，这次调你是工作需要，你也不要有压力，学校的老主任年龄虽大了，但待人相当好。特别是对年轻人，你去了会很快适应的。"

尽管王科长这么说，我心里还是有些发怵。我对王科长说："您还是再考虑一下为好，我这十几年在农村工作，您调我到大峪中学这样的学府去任职，我还真没把握，再说我家里孩子还小，离家又远，连个自行车都没有，实在有困难……"

王科长这时微笑着说："老闫你的困难，组织也有所了解，有的学校会帮你解决，有的需要你自己克服，你这次调动是局党组的决定，没有商量的余地。服从党组安排吧，下周到峪中人事部报到。"

告别王科长，我闷闷不乐地回到学校，将这消息告诉了武福源主任。武主任也感到很惊讶，他说，这几年我们合作得不错，学校各项工作抓得也很有成绩，怎么说走就走呢！

第二天上午，中心书记董朝海、校长杨福成来到我的办公室，寒暄了一会儿，杨福成校长就对我说："听说你要调到大峪中学去，我们昨天才接到电话知道的，这次你调到区里最高学府去任职，祝贺你呀！"

我说："校长别再给我戴高帽了，我对这次调动很不理解，我在这里工作了这么多年，同广大师生、村干部和上级有关部门的关系都处得很好，我还真舍不得离开这所学校。"

杨校长没等闫洪元再往下说，便抢先说到："老闫，告诉你一个好消息吧！教育局党组已决定将中心小学本校的地点改到了冯村，这不就圆了你和武主任的梦了吗？"我听后立刻高兴了，好像怕听到的不是真的似的，又问了杨校长一次。杨校长说："当然是真的了！校名都定为：'永定中心小学'了，这回你该满意了吧！"我听后就要蹦起来了，说："好，下周我就到峪中报到去。"

杨校长接着说："自从两年前你在会上说中心应设在冯村和取名'永定中心小学'的建议后，通过一年的实践，局党组觉得你的建议是对的，我们也多次向局里申请，真是好事多磨，这不就批下来了。"

这就是永定中心小学的由来。

第二节　与实验二小合作办学

永定中心小学原有上岸、石门营、栗元庄、稻地、联办5所完小及1所幼儿园。全校共有教职工231人，学生2340人，学前幼儿532人。2005年12月，为了实施首都教育现代化发展战略，更好地发挥名校办学优势，在西城区和门头沟区

的共同努力下，门头沟区教委与西城区教委及下属学校北京第二实验小学商谈合作办学事宜，并创办北京第二实验小学永定分校。2006年3月9日，在永定中心小学举行了"北京第二实验小学永定分校"揭牌仪式，此次揭牌后永定中心小学正式将校名变更为"北京第二实验小学永定分校"。此次揭牌标志着永定中心小学与实验二小合作办学正式进入实质性阶段。

2009年5月，北京第二实验小学永定分校新校建设工程正式启动。2010年10月20日，历时502天的新校建设工程竣工并正式投入使用。

2010年10月20日，实验二小永定分校举办新校址落成暨开学典礼。时任门头沟区委常委组织部长张冰、区委常委宣传部长陈国才、区人民政府副区长姚忠阳、北京市西城区教委领导、北京第二实验小学校长李烈、门头沟区教工委书记张爱宗共同为新校揭牌，揭牌典礼仪式由时任门头沟区教委主任何渊主持。

第三节　实验二小永定分校概况

一、办学规模

实验二小永定分校新校址占地面积27315平方米，建筑面积12992平方米。2010年有18个教学班，855名学生，85名教职工。

永定分校有中心校1所，下属学校有上岸、稻地、栗园庄、石门营、联办5所完小及1所幼儿园。全校共有24个教学班，教职工231人，2340名学生，学前幼儿532人。有校级干部5人，中层干部10人，平均年龄40岁，学历均为本科，3人有中学高级职称，52人有小学高级职称。

二、办学理念

在名校办分校政策的指引下,学校抓住搬进新校的契机,确定了"稳定求发展,继承求创新"的工作思路和"爱为源,人为本"的办学理念。学校在"爱为源,人为本"办学理念的引领下,目的是将学校办成"求知进取的学园、健康和谐的乐园、美丽雅致的花园、爱意浓浓的家园";将学生培养成"崇德善学、饶有特长、身心健康且具有国际视野的大写的人"。

所谓"爱为源"即"以爱育爱":以"真爱"成就教师,促进教师专业成长;以"博爱"成就学生,教育学生热爱学习、乐于助人;以"自尊自爱"促进自己健康成长。所谓"人为本",即营造尊重人、关心人、支持人、成就人的人文精神环境,将教师和学生的发展放在首位,在学校管理及教书育人各个环节创造"教"以人为本、"校"以师为本、"师"以生为本、"生"以德为本的优秀教育环境,为学生的成长奠定基础,为教师的成才搭建平台。

第四节 以"五带"开创学校发展新局面

一、名校带分校

利用名校资源,汲取先进理念,打造优质队伍,在2013年成为北京市具有自主编排学校课程的学校之一,也是门头沟区唯一一所具有自主编排学校课程的学校。

(一)转变观念

干部教师要转变观念,干部以师生发展为本,教师为每个孩子健康成长负责;在课堂上充分体现对学生的爱,在课程设置方面体现多元化的课程。

（二）熟悉工作流程

其是分别选派副校长、德育主任、英语教学主任、少先队辅导员到本校进行挂职锻炼，参加行政办公会，学习管理；参与教研组活动，主题教育活动，感知本校管理运行机制及各项行政工作、教育教学工作流程。

（三）相互交流

互派优秀教师进行交流。总校优秀教师定期来永定分校任教，做研究课、观摩课，组织教科研活动，以此扩大本校教师影响力，促进高效课堂的研究与实验、促进年级组团队的形成；永定分校定期选派区、校级骨干教师到本校学习，体验本校教师的团队氛围、研究精神。2011年，本校数学、语文、英语、品社、体育5个学科教师和干部到分校带徒，截至2011年，已带徒9人；2011年以来，分校选派干部、教师52人次观摩本校的"凌空杯"教师基本功大赛，12人参加了在本校举行的"走进实验二小——教育部小学校长培训观摩研讨"活动，培养了教师的团队意识与合作意识。

（四）开展系列活动

针对课堂教学开展系列活动。邀请总校领导、专家参加分校构建高校课堂研究活动；总校选派教师到分校开展送课、评课活动。

为了满足学生不断增长的专业学科需求，在2011年开设了6个门类40余门校本课程。

二、活动带面貌

学校利用各种教研、参观活动及学校在区域内的窗口作用，打造温文尔雅的教师，培养有礼有节的学生。

（一）建立文明窗口

学校提倡文明礼仪就是窗口。2010年9月，学校在筹备搬进新校工作中，精心筹划，为师生定做制式服装，制定《实验二小永定分校学生十个文明习惯》《实验二小永定分校教师十五条礼仪规范》。为使师生精神面貌与崭新的校园相匹配，经领导班子商议，将文明礼仪的规范和培养作为一项重点工作来抓。学校针对此项规范，开展了师德大讨论活动；在校园网上登载了金正昆教授的礼仪讲座视频，请职教中心礼仪教师进行礼仪培训。通过开展师德大讨论和礼仪培训活动，使教师们的精神面貌有了很大提升。2010年9月以后，礼仪教育已成为永定分校教师师德建设的常态工作，也成为学校教职员工政治业务学习的主要内容。

（二）展示活动舞台

学校搬进新校址以后，多次承办教委各科室、进修学校小学研修中心等部门的活动，陆续接待了厦门、河北沧州的中小学校长、内蒙古赤峰喀喇沁进修学校教师，区政协、区中青班的领导，旅日学者，日本友人的参观活动及区、校间的互动交流活动，通过了北京市小学规范化建设、工会之家等项目的验收。每一次接待活动都展示了全体师生的精神面貌和学校的整体形象。

（三）以活动促进自身成长

学校不断更新观念，开展一系列的教育活动，在活动中达到自身成长。在教师中定期开展师德大讨论和师德演讲活动；开展文明办公室评选、文明小使者培训及做低碳环保小卫士评比、班级文化评比、一日礼仪评比活动；规范升降旗制度、穿校服制度等。在家庭教育活动中，积极构建家校互动平台、组建家长学校，开展家庭教育讲座和家庭教育心理培训活动。通过上述活动，使教师、学生、家长的面貌有了新的改观，促进了教师、学生的自我成长。

三、硬件带软件

学校利用现代化教学设施，积极促进教师教育教学水平提高和师生全面发展。

（一）力争硬件达标

学校硬件建设达到了国家规范标准。学校规划用地27315平方米，建筑面积12992平方米，建筑主体由体育馆、办公楼、1号教学楼、2号教学楼、综合教学楼、生活服务楼六部分构成，配有环形200米跑道的操场，12个专用教室，300平方米的图书阅览室，可容纳200人的报告厅；学校所有教室都有带电子白板的推拉式组合黑板、闭路电视、学生储物柜、洗手池、空调、图书角等设施。校园里、教学区内处处都创设和彰显着充满人文气息的环境文化。这样的建校规模和功能设施，对于全区所有小学来说是首屈一指的，并在全市也能排在前列。硬件条件改善给全体干部、教师、学生及家长以充分的自信，同时也成为社会各个层面关注的焦点和迅速提升软件的动力。

（二）以硬件建设促进管理机制运行

以硬件设施建设促进管理机制运行。学校管理层面依托硬件设施的齐全功能，不断完善工作机制，健全各项工作细则，使干部的管理领域不断拓展。使学校的教育教学及后勤保障等方面的管理日益规范。

（三）以硬件设施建设促进教师水平提高

学校以硬件设施建设促进教师利用现代化教学设备水平不断提高。学校陆续开展了电子白板、数字图书馆、校园网、班级图书角、班级文化创设工作，每周开展一次教研活动。在团队建设等方面积极举办各种的培训，每次讲座和培训，都是对教师素质的提高。到2010年，教师们已经基本上可以应用现代化教学手段，进行教育教学工作了。

（四）以硬件设施建设促进学生全面发展

学校利用标准化专用教室，开设了书法、美术、电子琴、合唱、舞蹈、科学、劳动、信息技术、校园文化讲解和跆拳道、小足球、乒乓球12门校本课程。学校还将图书馆搬进了楼道，将益智的棋类游戏搬进文化长廊，在公共教学区摆放三角钢琴、地球仪、门头沟区地形图景观、书报架等，并且定期更换内容。这样的设计和管理进一步体现了学校以人文为本的办学准则，促进学生的自我管理，调动和培养了学生良好的探求知识的习惯。

（五）以加强硬件设施建设为师生提供很好服务

学校生活服务楼的餐厅和休息室在2010—2011学年第一学期全部投入使用，解决了全校师生的早餐和中餐问题；建立教师休息室，为部分教师提供午间休息场所。这两项工程调动了教师的工作积极性。

四、责任带品质

学校充分利用区域内优秀资源提升办学品质，打造优质学校。学校借助名校办分校的大好机遇和标准化硬件设施，着重培养朝气蓬勃的师资队伍，提升办学品质。学校要求教师要有强烈的责任感和使命感，脚踏实地，带着责任努力工作；要求教师为树立门头沟区窗口学校形象做贡献，让全体师生懂得为学校争得荣誉是自己的责任。

五、和谐带团队

（一）树立团队意识创建和谐氛围

创设一个浓浓的家的氛围，让老师快乐幸福地工作。让教师们懂得，要把创建和谐氛围变成大家的自觉行动，相互关心、相互支持、和谐共处是工作的纽带，是凝聚团队的力量、促进学校整体发展的动力。

（二）以团队精神树立责任意识

出台系列规章制度，利用年级、学科办公室组织教研活动，开展文明办公室评比活动。通过这些工作，使全体教师在各项活动中充分树立团队责任意识。

（三）充分发挥党支部和工会作用

努力为教职工创造和谐温馨的学习和生活氛围。利用现有资源创办党员活动室和工会之家，为教师提供读书、看报、下棋、练习书画的场所。逢年过节，学校都组织教师开展联欢活动；在教师生日时，发一条温馨的祝福短信，并在学校食堂为他们做一碗长寿面，以此表达对教师的祝福；每当教职工家中有婚嫁的，学校领导都会前去表示祝贺；教职工家中有人故去，学校领导都会前去慰问。这些活动使教师深感学校党组织和工会组织的关爱。

六、阶段性成果

在以"五带"为工作思路的这段时间里，全校师生共同努力，以较短的时间开创了学校发展的新局面。教师爱岗敬业、吃苦耐劳、任劳任怨的工作态度不断增强。教师树立了良好的师风和团队意识；课堂教学改革成果逐渐凸显；学校教学管理策略，课程思想构建，校园文化建设逐渐逐步走向成熟。学校先后被评为北京市基础教育课程建设先进单位、全国优秀外语实验学校、国家重点课题"和谐德育研究"优秀实验学校、区第三届英语节优秀组织奖；通过了小学规范化建设工程督导验收及合格工会之家验收、区优秀工会验收；获得了区教工运动会团体总分第二名，区中小学生田径运动会体育团体总分（中心校组）第一名，区踢毽比赛团体总分第一名，区第五届中小学生体育节围棋比赛第二名，区第五届体育节总分一等奖，区级小学生健康知识竞赛一等奖；干部、教师参加各级各类活动，共有126人次获奖，其中国家级36人，市级30人、区级60人。

第六章　永定地区德育工作的新发展

1998年永定中心小学参与了全国德育"九五"规划国家重点课题"整体构建学校德育体系的研究与实验",申报了子课题"关于利用校园广播提高德育实效性",艾如民校长任课题组组长。实验主要以中心校为主,20个教学班的728名学生为实验对象。通过实验摸索出"以大队辅导员为主,大队委员主抓,全体师生共同参与"的德育新途径。

课题组撰写的论文《关于利用校园广播提高德育实效性的研究》荣获国家一等奖,永定中心小学被评为"全国先进实验校"。

自此,永定地区的德育工作走向新的历程。

第一节　开展多样的学生教育活动

一、组织五年级学生开展实践活动

2006年6月9日,永定分校组织五年级学生到雁翅实践基地开展为期三天的实践活动。在短短的几天时间里,学生们学会了自己铺床、叠被子,自己打水洗脸、洗袜子等日常生活技能。以前孩子们在家中由于父母的呵护，养成了娇生惯养的习惯，这次活动培养了他们的独立生活能力。活动中还组织了学生跨断桥、一线生机、走钢索等拓展训练，这些让成人都觉得很难完成的项目，每个学生都大胆地完成了，通过活动锻炼了他们的勇敢意志和自信心。

陶艺、叶画、剪纸这些室内课程，不仅培养了孩子们感受美、欣赏美和创造美的能力，也培养了他们的耐心、细心的品格。在背摔、无言结局活动中，通过同学间的相互信任与配合，很好地完成了任务。军事七项这个活动又锻炼了学生的体能，提高了他们吃苦耐劳的能力。这次综合实践活动，达到了以劳辅绩、以劳增智、以劳健体、以劳益美、以劳促创新的目的。自2006年以后，学校每年都要按照区教委的指示，组织学生开展劳动艺术教育和拓展训练活动。

二、举行欢度圣诞节迎奥运活动

2007年12月25日，为迎接2008年北京奥运会，永定分校在圣诞节之日，举办了以"喜迎奥运欢度圣诞"为主题的联谊活动。举办此次活动旨在让学生进一步学好英语，了解西方文化，增进国际理解，为2008年奥运会做好东道主做准备。在活动中，同学们用流利的英语展示了永定分校的学生风采，60多位家长协会会员也应邀来到会场，同孩子们一起载歌载舞欢庆圣诞。"圣诞老人"的出场将活动推向高潮，"他"把圣诞礼物与祝福的话语送到每一位勤奋好学、积极进取的孩子手中。每一位老师、同学、家长的脸上都洋溢着幸福的笑容，共同分享着活动带来的无限快乐。

此次活动，不仅为同学们搭建了一个展示才艺的大舞台，而且激发了他们勤奋好学的激情，陶冶了艺术情操，更为做奥运盛会的合格小主人打下了坚实基础。

三、举办主题班队会

2008年1月，永定分校所属栗元庄小学（六一）中队组织了一次主题为"珍惜同学情"的班队会。其目的一是为了增进同学之间的感情；二是本班有一名同学要回老家去上学，以此送别。本次班队会分为三部分内容，第一部分是才艺展示，到会人员人人参与，自编自演了很多节目：有相声、诗朗诵、大合唱等。节目精彩，内容经典，相声《五官争功》尤为突出，充分展示了同学们的才艺，第二部分是说句心里话，每个同学都说出了自己的心声。第三部分是同学寄语，每个人都为即将转走的高世强同学留言，每一个留言都真诚地体现了同学间的深情。

本次班会是以学生为主，班委组织，既锻炼了学生的组织能力，又教育了学生要珍惜友情，可以说班会开的非常成功。

四、举办"爱耳日"宣传教育活动

2008年3月3日是全国第9个"爱耳日"，永定分校举办主题为"奥运精彩——我听到"的"爱耳日"活动。旨在使听力残疾人与健听人一起"共享同一片蓝天，倾听同一个奥运，放飞同一个梦想"。活动中邀请村卫生所医生为孩子们做了一堂题为"关注青少年听力健康"的知识讲座，通过讲座使学生们了解了导致耳聋的原因、如何养成良好的爱耳护耳习惯、听力出现问题应该怎么办等方面的健康知识，提高了学生和居民爱耳、护耳的意识。

五、举行迎奥运树新风微笑传递活动

2008年3月5日，为落实市少工委"微笑北京做奥运先锋"主题教育活动，永定分校少先队结合本校实际制定了"迎奥运、树新风、争做五彩小雏鹰"活动方案。按照方案开展了一系列丰富多彩的迎奥运教育活动，目的是真正把五色"奥运志愿微笑圈"所代表的内涵引入到学生日常生活中，落实到学生实际行动上，引导少先队员参与奥运、服务奥运、共享奥运。

2008年3月5日是"学雷锋纪念日",当天下午,700多名少先队员在少先队辅导员老师的带领下,走向永定社区、公园、街道等公共场所,对这些地方的环境进行了美化,传递了微笑、宣传了奥运,用实际行动弘扬雷锋精神和奥运精神。另外还有20多名少先队员带着苹果、橘子等水果来到永定镇敬老院,把带来的水果亲自送到了敬老院的老人手中。随后,学生们有的为敬老院老人打扫室内外卫生,有的陪着老人聊天,还有的与老人合影留念,院内不时传来阵阵爽朗的笑声。经过一个多小时的努力,敬老院内窗明几净、清爽利落。队员们在为老人们带来欢乐、送去温暖的同时,自己心情也无比舒畅。

六、开展爱心捐助活动

2008年5月12日,四川省汶川地区发生强烈地震后,5月13日早晨,永定分校利用校园广播及时向全体学生讲述了四川汶川发生的严重灾情,并要求学生在灾难面前要学会冷静,学会科学救护,并进行了防震演习。

5月16日上午,在学校党支部的倡议下,开展了"博爱在京城,抗震募捐"活动,50余名教职员工和700多名学生在学校操场共同宣读了"情系灾区,共献爱心"的捐款倡议书。接着在少先队的倡议下,20个班级的同学踊跃将自己的捐款投入"抗震救灾"捐款箱。

5月19日上午,在升旗仪式上少先队员代表宣读了"致四川汶川县地震灾区朋友的一封信"。下午,为表达对四川汶川大地震遇难同胞的深切哀悼,永定分校召开"众志成城、抗震救灾、努力学习、报效祖国"主题大队会。在听取了学校领导关于四川汶川大地震的最新情况介绍后,全体少先队员们集体宣读了自己的誓言:众志成城、抗震救灾、努力学习、报效祖国!14时28分,全校师生向四川遇难同胞默哀3分钟。

七、举办快乐加油站启动仪式

2008年10月16日，北京第二实验小学永定分校举办了"快乐加油站"活动启动仪式，此项活动旨在贯彻落实北京市教育委员会《关于进一步提高中小学教学质量切实减轻学生课业负担的意见》，促进学生努力学习，提高综合素质。在仪式上，659名学生首先唱起了主题歌《欢乐颂》，之后学生舞动队旗，高呼"我是快乐娃，快乐中长大"等口号，并进行了"带球赛跑"等素质拓展活动。举办本次活动的目的是让学生在充满合作的环境氛围中体验成功和失败的感受，体验团队的力量，增强合作意识和角色意识，提高自信心和责任感。北京共青团网站，《现代教育报》相继报道了本次活动。

八、举办少先队中队仪式大赛

2008年10月16日，在喜迎中国少年先锋队建队59周年之际，为进一步优化中队活动质量，促进少先队组织的规范化建设，永定分校举行了以"爱我中队，展我风采"为主题的少先队中队仪式大赛，全校16个中队参加了活动。通过大赛，进一步规范了少先队中队活动仪式，加强了永定分校少先队建设基础。

九、举办中国少年先锋队建队59周年庆祝活动

2008年10月16日，永定分校举办中国少年先锋队建队59周年纪念活动。本次庆祝活动的主题是做"奋飞的雏鹰"。600多名少先队员身着整齐的盛装，神采奕奕，聚集在队旗下庆祝自己的节日。此次活动公布了新一届大队委员会名单，大队委作了精彩的发言。活动中还表彰了在少先队中队仪式大赛和"红歌"大赛中获奖的中队。少先队大队辅导员老师向全体队员发出号召：红领巾代表的是火焰，红领巾代表的是幸福，红领巾代表的是人民

的利益高于一切，少先队员要为胸前的红领巾增光，做奋飞的雏鹰。

2009年是中华人民共和国成立60周年，也是中国少年先锋队建队60周年。为增强少先队对孩子的吸引力、凝聚力，培养少先队员的爱国意识，加强对少年儿童的思想引领，2009年10月13日，永定分校少先队大队在学校操场上，举行了中国少年先锋队建队60周年系列主题教育活动。

600多名少先队员身着整齐的少先队队服，神采奕奕，聚集在队旗下，围绕着"红领巾与祖国同行"这一主题，开展了庆祝活动。在活动中，少先队员回顾了在党的领导下，中国少年先锋队组织走过的光辉历程。学校党支部书记施长生向全体队员致辞，大队辅导员公布了新一届大队委员会组成名单，大队委作了精彩的发言。活动中还表彰了在区级优秀少先队评比中的获奖中队、"红领巾奖章获得者"、区级少先队演讲大赛获奖者、"红歌"大赛中获奖的中队。各获奖中队分别进行了精彩展示。

庆祝活动在全体少年队员高唱的少先队队歌和庄严的宣誓仪式中结束。

十、举办国耻日纪念活动

2009年9月18日，也是"九一八"事变发生78周年，为了告诫学生永远记住这个日子，永定分校少先队组织开展了"勿忘国耻，振兴中华，做骄傲的中国人"诗歌朗诵大赛。每一名参赛选手怀着对日本侵略者的仇恨，表达了自己努力学习、奋发图强，为祖国强盛而努力学习的决心。这些活动给学生搭建了一个展示自我的平台，即对学生进行了爱国主义教育，让他们深切地认识到了祖国的伟大，增强了他们的自信心和自豪感，也丰富了学生们的课余生活。

十一、举办歌唱祖国红歌会

2009年9月24日，永定分校开展"经典歌曲大家唱"主题教育活动。

为庆祝中华人民共和国成立60周年，加强对少先队员进行爱国主义教育，学校组织了这次红歌会，目的是培养孩子们热爱祖国、热爱家乡的美好情感。在本次红歌传唱活动中，孩子们用稚嫩的童声和激情演唱了《祖国祖国多美丽》《红星歌》《七子之歌》《打靶归来》《学习雷锋好榜样》《少年少年祖国的春天》等多首经典老歌。活动中，同学们意气风发，精神抖擞，嘹亮的歌声表达了新一代对红歌的理解，对祖国真挚的祝福，充分展示了21世纪少年儿童的风采。

十二、举办中华人民共和国成立60周年纪念活动

2009年10月1日，是中华人民共和国诞生60周年，为了让孩子们记住这个重要时刻，永定分校在9月18日举办了"欢庆中华人民共和国成立60周年"系列庆祝活动。一是举办"今天我们怎样爱国"征文、手抄报大赛；二是举办"做骄傲的中国人"演讲、故事大赛；三是举行歌唱祖国红歌会。通过这些活动培养全校学生对党、对社会主义祖国热爱的情感，引导全体少先队员勤奋学习、快乐生活、全面发展。

十三、举办感恩教育周活动

2009年11月24日是感恩节。为弘扬中华民族的传统美德，全面提升学生的素质，让学生懂得感恩长辈、感恩老师、感恩同学、感恩社会，永定分校少先队组织以"学会感恩　爱心永恒"为主题的"感恩教育周"活动。

为了增强活动的实效性，学校从不同层面开展了这次活动，并将活动内容详细安排到一周。大队委在大队辅导员的带领下，结合学生的生活实际，每天落实一个小主题，以营造学校、家庭、社会的感恩氛围，从而教育学生知恩、报恩，逐渐形成良好的道德品质，成为知恩图报，心存博爱的人。具体有以下几点。

周一，感恩给予生命的父母。同学们带着自己理想的种子、奋斗的目标、欣慰的语言，回家落实感恩行动。

周二，感恩赐予知识的老师。同学们用坚定的理想、真诚的诺言、不懈的努力，回报教师的恩情。

周三，感恩给予帮助的同学、小伙伴。同学们将真心的话语送给自己真正的朋友。

周四，感恩为自己带来幸福生活的祖国——将文明带向社会。永定分校组织部分同学走向社区、走向街道，并将学生亲手制作的"校园童谣感恩卡"送给居民，倡导更多的人拥有感恩的心、并学会感恩，将良好的感恩理念带向社会。

十四、垃圾分类回收从我做起

垃圾分类听着事虽小，但如果人人都提高意识，主动参与其中，会对环境的改善、能源的回收与再利用起到巨大的作用。为了培养孩子们的这种意识，从小养成垃圾分类的习惯，并且带动家长的行动。永定分校上岸小学在2010年11月23日，向全校同学发出了垃圾分类回收的倡议。当天学校对分类的垃圾进行了回收，共回收瓶子90个、废电池131节、废纸20斤。为了增强同学们的分类回收意识，学校决定以后每周五的下午都会进行这样的回收活动，而且回收垃圾得到的收益将用于奖励礼仪标兵、优秀学生等。

十五、举办"红领巾心向党"艺术节

2011年5月10日，实验二小永定分校举办"红领巾心向党"艺术节。本届艺术节的主题是"红领巾心向党"。举办本届艺术节的目的是为迎接党的90华诞，弘扬民族精神，营造积极向上、文明高雅的校园文化氛围，激发少先队员崇高的精神追求。在艺术节中，孩子们充分展示了自己的才

华。在个人比赛中，孩子们展示了自己歌唱、跳舞、乐器演奏等多项艺术才能；在合唱比赛中，各班集思广益，精选出最具代表性的"红歌"进行演唱，体现了各个班级良好的精神风貌。本届艺术节通过举办各种艺术比赛活动，不仅展示了学生的艺术才华，也对学生进行了一次爱国主义教育。5月17日，本届艺术节圆满落下帷幕！

十六、举办"六一"庆祝活动

2011年6月1日，永定分校举办"六一"国际儿童节庆祝活动。当日，北京第二实验小学永定分校披上了节日的盛装，操场上彩旗飘扬、鼓乐喧天，身着节日盛装的少年儿童，满脸洋溢着幸福。区委书记、区委组织部部长、区委宣传部部长、教工委书记、教委主任、永定镇党委书记、永定镇镇长及各友邻单位的领导，也前来参加庆祝活动。他们来到少先队员们当中，和大家一起欢度"六一"，并给同学们带来了节日礼物。很多学生家长代表也参加了活动。

这次庆祝活动的主题是："红领巾心向党，爱从这里起航"，同学们表演了丰富多彩的文艺节目，有京剧表演，有"红歌"联唱，有乐器独奏……这些节目激发了孩子们的爱国热情。外教老师也压抑不住自己的兴奋，也出场表演了精彩的节目，整个校园里充满了无限的快乐与幸福。

第二节　探究班级管理新模式

一、开展班级管理研究

2006年永定分校一线教师李金梅开展了《在班级管理中影响小学生情感发展的因素及对策研究》。研究从"寻找理论基础、影响因素的调查与分析、问题解决对策"三个方面入手，通过对学生管理情况的分析，为强化班级管理提供理论指导。本次研究主要理论依据是美国心理学家丹尼尔·戈尔曼提出的著名的"情感智商"理论，这种情感智商包括"自我激励、百折不挠、控制冲动、延迟享受、调试情绪、善解人意、充满希望"等。

李金梅提出的班主任管理方法

序号	类型	一年级	二年级
1	满腔热情，愿意把一切献给你，使你感到像妈妈一样	52.2% 59人	21.6% 28人
2	只看重你的学习成绩和外在表现，从不与你聊天	0.9% 1人	1.5% 2人
3	工作细心，只要你有不愉快的事情，老师马上就能发现并及时给予帮助	27.4% 31人	36.1% 47人
4	与你有情感沟通，但对你不关心，虽然知道你心情不好，但从不帮助解决	无	无
5	情绪稳定，有耐心从不对你发火。即使你犯了错误也能给予宽容	10.6% 22人	40.7% 53人
6	当你闹情绪时，严厉批评你，或当着同学的面惩罚你	无	无
7	如果以上六种管理方式你都不满意，你可以把你最喜欢的管理方式写在后面	无	无

为了对研究方法进行有效阐述，李金梅制定了阐述表格。通过表格可以看出，第1、第3、第5种班主任管理方法最受学生的欢迎，是对学生情感发展的有效的管理方法。第2、第4、第6种班主任班级管理方法，对学生的情感发展都有不同程度的伤害，使学生难以接受，同时还会使教师失去很多宝贵的教育机会。

关于对策方面，李金梅认为作为一个班主任除了对学生的日常行为进行纠正和管理以外，还应担负起管理学生情感、培养和提高学生情商的任务。主要有如下方法：一是努力创设尊重、理解、信任、公平的师生情感环境；二是注意调整自身的情绪，坚持以饱满的热情面对学生；三是将情感注入到班级管理中；四是注意对学生情感的管理；五是为每个孩子创设取得成功的环境与条件，激发他们的上进心和内驱力。

李金梅的研究取得了很好的效果，她的班级也管理得有声有色，成为学校班级管理的榜样。

二、加强班主任工作培训

2009年10月27日，为了加强小学生心理健康教育，提升教师队伍的专业素养，充分发挥心理健康教育在学校德育工作和未成年人思想道德建设中的重要作用，永定分校对全体班主任教师开展了"小学生心理健康教育"培训。

担任此次培训的教师是学校校医王佳老师，王老师系统地讲解了班主任在心理健康教育中应发挥的作用；心理健康教育的途径；班主任如何做好心理健康工作等。最后，大队辅导员又针对"甲型H1N1流感"在校园内蔓延的情况，向已停课班级的班主任强调了做好学生健康监护工作的意义。

这次培训，对教师在教学实践中如何调整心态，正确解决学生存在的心理问题，培养良好的心理素质，全面提高教育质量具有十分重要的意义。

三、关注校园安全教育

2008年6月5日，永定分校与门头沟消防支队联合开展了一次主题为防震减灾的疏散演练。在整个演练过程中，学生们按照学校的要求进行了实地演练，演练项目有地震发生后如何躲避、如何应对地震后的其他次生灾害等，消防支队战士还对学生做了进一步的指导。实际演练完成后，还组织学生们观看了"市民应对地震的紧急措施""北京市小学生消防漫画大赛获奖作品展"展板。学校500余名师生参加了演练，北京电视台记者对整个演练过程作了专题采访和报道。

2010年11月4日，北京第二实验小学永定分校全校师生举行了搬进新校后的第一次安全疏散演练。此次演练，目的是使全校师生熟练掌握新校紧急疏散的程序和线路，确保在突发事件来临时应急疏散工作快速、高效、有序进行，最大限度地保护全校师生生命安全。同时通过演练活动培养学生听从指挥、团结互助的品德，提高师生在发生突发公共事件后的应急反应能力和自救能力。

上午9时20分，教学楼内响起了警报，全体同学在教师的指导下迅速躲到桌下、墙角，身体采用卧倒或蹲下的姿势，以保护身体不被砸，将一只胳膊弯起来保护眼睛和头部，另一只手用力抓紧桌腿。3分钟警报声停止后，全体师生迅速从班级前后跑出，按指定路线，紧张而有序地撤离了教学楼，到达安全地带，离安全地点最近的班级仅用了40秒，最远的也只用了1分20秒就全部撤离了。在演练过程中，全体教师各司其职，坚守岗位，负责疏导，直至最后一名学生离开，才迅速撤离。到达指定地点的学生在班主任的带领下迅速整队清点人数，向演练指挥汇报人数。当全校最后一个班级汇报结束后，全校学生无一人掉队，全部到达安全指定位置，时间仅用了2分30秒。

演练结束后，学校和消防支队分别对本次演练进行了总结，认为这仅仅是一场演练，在危险真的发生的时候，逃生所节省的每一秒时间，预示着将会拯救无数孩子的生命。教会孩子们如何安全迅速逃生，使生命不受到任何伤害，将是我们今后安全教育需要共同面对和解决的首要问题。

第三节 实施"育鹰"行动计划

为深入贯彻落实《北京市中长期教育改革发展规划纲要》和《门头沟区"十二五"时期教育发展规划》，全面提升实验二小永定分校学生的综合素质，形成自理、自信、自主、自我的学生文化，推进学校特色建设，培养小学生良好习惯和体育、艺术特长，为学生30岁负责，为学生的可持续发展奠定基础，学校于2006年推出了培养学生的"育鹰"行动计划。

一、"育鹰"行动计划的背景

北京第二实验小学永定分校原名门头沟区永定中心小学，2006年3月9日，在北京市发展和改革委员会、北京市教育委员会名校办分校政策指引下，与北京第二实验小学牵手，成立了北京第二实验小学永定分校，2010年10月20日，举行了隆重的新校落成典礼，全校师生喜迁新校。

永定分校现有1～6年级52个教学班，学生1496人，其中借读生707名，占全校学生的47%。学校地处农村，学生家长文化素质普遍偏低。其中冯村小学现有1～6年级学生369人，学前班93人，教职工53人，抗震加固后，办学环境发生了很大变化。石门营临时校现有1～6年级学生261人，学前班71人，教职工42人。新校区现有24个教学班，866名学生，教职工89人。

学校的硬件建设已达到北京市的一流水平：学校拥有优越的课程资源，有体育馆、足球场、篮球场、乒乓球案等体育设施；有音乐、形体、电子琴、美术、书法、科学、劳动、计算机等10个专用教室；有文化走廊9个；还有文化墙、装饰画、雕塑、石刻等立体教材。校园里、教学区内处处都创设着充满人文气息的校园文化。为了实现学生的全面健康成长，教师的专业发展，学校办学质量的提升，学校推出了"一、三、五、七行动计划"，最终实现把学生培养成为个性鲜明、学有特长、健康成长、心态阳光的育人目标，创出一个具有个性的门头沟区窗口校！

二、"育鹰"行动计划培养目标

（1）在小学毕业前，要掌握一门外语、培养1~2个体育特长、掌握1~2门乐器、写好三笔字、会唱10首歌曲（国歌、队歌、校歌）、掌握最基本的国学知识和现代信息技术。

（2）养成10个以上好习惯。课堂习惯：倾听、质疑、合作、表达；行为习惯：排队、交流、节能、读书；道德习惯：规则、守信。

（3）形成"自理、自主、自信、自我"的学生文化，最终实现每一个在校生心态阳光、饶有特长、个性鲜明、健康成长！

三、"育鹰"行动计划培养措施

主要培养措施是发挥课堂主渠道作用，开设多元课程、开展主题教育活动、实施动态管理、家校互动、有效评价等方式，培养学生。

（一）满足学生多元需求，提升学生综合素质

学校的教育对象是学生，每个学生之间存在着各种各样的差异，要创造条件因势利导培养学生各项技能，为学生的全面发展、学有特长搭建平台，促使孩子们逐渐走向阳光、自信、大气。

具体措施：

（1）采取多种途径和方法打造师资队伍，提升专业素养，促进学生全面而有个性的发展；

（2）充分运用学校资源，拓展多元校本课程，加强社团建设，为孩子的学有特长搭建平台；

（3）开展多彩活动，激发和调动学生的积极性，促使学生积极地、自觉地、愉快地学习、实践。

（二）培养学生良好习惯，促进学生可持续发展

小学时期是学生良好习惯养成的重要时期，"习惯养成好，可以使学生终生受其益；没有良好的行为习惯，将会累及众生"，行为习惯养成教育是小学教育的重中之重。

具体措施有以下几点。

（1）发挥课堂主渠道作用，将习惯培养目标与高效课堂有效结合，与全程评价有效结合，培养良好的课堂学习习惯。

（2）打造亮丽、育人、适合的校园文化氛围，陶冶学生情操，打造文明行为。以宣传教育、强化训练、专项检查为抓手促学生行为习惯的养成。

（3）以师生读书工程为载体，培养学生由阅读到悦读的深刻认识与习惯。

（4）通过主题教育活动、实践活动，培养学生的规则、守信意识。

（三）打造学生文化，形成学校特色。

学生文化对学生的知、情、意、行等方面有着重要教育引导作用，它可以提升学校的教育力、学生的学习力、发展的恒动力，是学校特色和品位的外在表现和内在魅力。

具体措施有以下几点。

（1）营造氛围。通过努力形成一个具有强大力量的文化场，让学生文化在这一文化场的作用下健康发展。

（2）课程渗透。发挥课堂主渠道作用，在课堂上进行学科渗透。

（3）搭建活动平台。为学生搭建活动平台在活动中体验，在体验中感悟，在感悟中内化。

（4）家校互动。做好家校互动工作，发挥家长的教育伙伴作用，共同打造学校"自理、自主、自信、自我"的学生文化。

（四）"育鹰"行动计划保障措施

（1）统一思想，加强领导。成立北京第二实验小学永定分校学生"育鹰"行动计划工作领导小组，负责计划的制订、实施与考评。

组长：宋茂盛（负责"育鹰"行动计划的全面工作）

组员：学校领导干部及教研组长

施长生（负责师德培养）

杜春菊（负责督导考核）

赵建华（负责指导教师培养课堂习惯、特色课程研发）

杜海燕（负责养成教育、家校互动）

杨　帆（负责学生文化打造）

张伯儒（负责学生养成阅读的好习惯、写好三笔字）

王春丽（负责学生掌握一门外语）

庞保民（负责培养学生1~2个体育特长）

康振荣（负责学生掌握1~2门乐器；会唱10首歌曲）

李曙光、王立功（负责各项活动的后勤保障及校园文化的创设）

李文华、王红英、康丽红、史文华（负责各完小学生培养的组织协调）

（2）全员参与，注重实效。学校对全体师生及家长进行广泛宣传，家校合作共育，力求实效。

（3）加强督导，完善评价。成立考核小组，把此项工作纳入学生综合素质评价。

（4）搭建平台，有效提升。开展丰富多彩，各具特色的活动，从而有效提升教育的力度和意义，如：定期召开"体育节、科技节、艺术节、英语节、读书节"等，开展"讲故事大赛、演讲比赛、口算比赛、单词大赛、书法比赛"等。

学生培养是一项长期的工作，学校为了学生成长，营造了一个"活泼、积极、向上"的教育氛围，并根据每名学生的爱好与特长，为他们提供了广阔参与、展示、创新的成长空间，让学生在实践与收获中快乐成长起来。

第四节　家校携手同行　合力共育精彩

一、成立家教协会积极开展家长教师协会工作

（一）成立家长教师协会

近年来，实验二小永定分校各项工作全面提升迅速发展，这也得力于社会各方面的支持与帮助，尤其是家长们，更是积极关注并参与到学校的管理之中，成为学校的教育合作伙伴，从而形成了强大的家校教育合力。2015年1月通过班级、年级层层推荐，仔细筛选、认真把关，有6位家长组建的校级家长教师协会诞生了（条件：责任心强、有爱心、组织能力强、时间充裕）一位会长、两位副会长，成立了策划部、服务部、宣传部。他们既是校级家长教师协会成员，又是年级家教协会会长。在他们上

岗之前，学校分三个层面对他们进行了岗前培训，使他们熟知学校的办学理念、育人目标、家长文化及家庭教育的重要意义。学校还为校级家长教师协会单设办公室，配有办公桌、计算机、打印机等，为工作的开展打下良好的基础。

（二）召开家校协同工作会

2012年12月26日，永定分校召开家长教师协会暨"班主任管理论坛"。100余名家长教师协会成员，全体班主任及校领导参加大会。在会上，学校领导介绍了学校多年来开展家校协同，共同开展学生教育活动情况，为新加入的家长教师协会会员颁发了聘书，并对家长参与学校教育教学管理及班级管理表示感谢。

在本次会上，有12名优秀班主任就自己的班主任管理工作经验进行了交流。家长们通过与班主任的交流，对学校管理工作及班主任管理工作有了更加细致的了解。全体家长协会成员表示，今后要多关心和了解孩子在学校的情况及学校的教育教学情况，多与教师进行沟通；并且积极与学校一起，共同促进孩子们全面健康的成长。学校领导也表示今后还将继续摸索、探寻家长教师协会工作经验，从而使协会工作取得更大的实效。

（三）组织培训引领学校发展

学校在成立校级家长教师协会基础上，又成立了班级、年级家长教师协会，这些协会的家长们，积极主动参与班级、年级的各项管理工作，为班级发展献计献策，以此引领学校发展。

同时，学校为了更好地开展家校协会的工作，组织家长开展了各种培训，通过培训，使家长们的能力不断地攀升。

学校还多次组织年级组长、班主任进行培训、座谈，探讨家庭教育对学校教育的影响，让老师们深深感受家庭教育在学生成长中的作用。

二、开展家长教师协会工作

家长教师协会成立以来，协会的每一位成员都对协会工作充满热情，都积极、主动参加协会工作。2013年，召开了家长教师协会工作汇报会。全体校级家长教师协会会员和班级家长教师协会成员共116人参加了汇报会。会上，校级家长教师协会会长对全校家长教师协会成员做了培训，使大家统一了思想，提高了认识。

三、开展问卷调查探讨家长教师协会作用发挥

（一）开展问卷调查

在校级会长带领下，为了了解每个孩子的家庭背景，家长和孩子的需求，方便开展工作，在各年级进行了问卷调查，并进行了汇总、分析，为工作的开展打下了坚实的基础。

（二）发挥家长教师协会作用

校级家长教师协会还积极发挥策划部、服务部、宣传部的辐射作用，带领年级、班级家长教师协会，积极参与学校各项活动。每年的正月十五，都带着孩子们"猜灯谜、赏花灯、吃元宵"；每年的六一儿童节，都积极筹备跳蚤市场，为学生互通有无提供场所；在每年艺术节中，积极为学生筹备服装、道具，参与每个年级的艺术活动展示；在每年的体育节中，组建啦啦队进行加油助威；在学期末开展"学生、家长喜欢的好教师"评选活动。协会还为同学们捐赠了5000元图书作为礼物。

四、规范建设合力育人

校级家长教师协会的成立，充分发挥了他们的积极主动性，极大地调动了家长们的热情，使学校家校共育工作如火如荼的开展着。

为了使工作更科学、更规范，学校进一步完善家长文化，拓展活动形式。如今"责重、责任、合作、成长"已经成为学校的家长文化，老师和家长共同践行着沟通求尊重、育人求责任、理解求合作的行为理念。

五、家校共育结硕果

（一）志愿服务风雨无阻

学校的家长志愿者在校级家长教师协会服务部的统筹安排下，做了大量工作，为孩子们的成长保驾护航，为学校的发展尽心竭力。家长护卫队从成立以来，日日坚守在校门口，无论严寒酷暑、风雪雾霾，总是风雨无阻，从未间断。学校的重大活动都能看到家长志愿者的身影，在学校承

担区市级展示活动中,他们提供着各种优质服务。在教师节评选"感动校园人物"颁奖典礼上,他们为获奖教师献上芬芳的鲜花。在2014年的教师节表彰会上,学校首届家长教师协会会长卢艳霞也被评为感动校园人物,与教师一起接受了表彰,她的行为感染着身边的每位家长、教师和孩子。

(二)挖掘资源参与管理

随着家长教师协会工作的深入开展,家长已成为学校强有力的教育资源。丰富的家长资源在协同教育的道路上发挥着事半功倍的作用。

1. 助力教学成为"新常态"

协会将课外辅导班的英语教师请到学校,每周免费为学生上课一次,为具有英语特长孩子搭建提升的平台;在游泳课程中,家长义务助教,确保学生安全;在去山东游学中,各班会长积极参加,与老师们一同管理,一起教学。

2. 主题教育活动走在前

在教师节到来之际,家长教师协会号召同学们为教师手绘贺卡,送上简单而温馨的祝福;为庆祝中国人民抗战胜利70周年,同时为庆贺我们伟大祖国66岁生日,家长教师协会组织家长共同参加"唱抗战歌曲展队员风采"迎国庆红歌赛活动;在重阳节来临之际,家长教师协会带领会员和学生慰问门头沟区光荣院的老人们,与革命前辈一起度过欢乐、祥和的重阳节;在新年到来之际,协会成员与学生一起开展"迎新年包饺子赛"和"品饺子献小菜家庭才艺展"活动;在感恩教育活动中,协会成员和学生一起到区儿童福利院开展送温暖、献爱心捐衣物活动。

3.亲子活动丰富多彩

学校和家长教师协会共同组织学生到博物馆、花卉大观园、安全教育体验馆等地，开展亲子教育活动。年级、班级家长教师协会还积极组织周末社会大课堂，不仅增进了家长与孩子的情感，更拉近了家校之间的距离，通过家长、教师、孩子一起活动、一起体验，达到了共同成长的目的。

（三）合力育人，形成特色

在协同育人的道路上，学校各个年级都形成了本年级的特色。一年级特色为好习惯早养成；二年级特色为我爱环保；三年级特色为弘扬传统文化；四年级特色为爱心传递；五年级特色为书香浸润；六年级特色为感恩。这些特色异彩纷呈，充分体现了家长教师协会的优势和不可替代的作用。

第七章　永定地区教学工作新发展

第一节　加强教师队伍建设

在我党召开的十一届三中全会这具有划时代意义的盛会上，提出了要建设具有中国特色的社会主义国家的伟大构想，随之中国进入了改革开放的全新历史发展时期。从此，党和国家的工作重点从以阶级斗争为纲，转移到了以经济建设为中心的社会主义现代化建设上来。

为了适应这一根本转变，教育也进入改革发展的新阶段，永定地区的教育也和全国一样，开创了历史发展新纪元。从此，永定地区小学教师的培训工作一直是前赴后继。尤其是在成为实验二小永定分校之后，教师的培训工作更加各具特色。教师的成长为学校的腾飞奠定了坚实的基础。

一、师德建设工作

学校首先关注加强师德建设，一是强化爱心培养，即培养教师拥有爱岗敬业和文明修身、崇德慎行、尚节守廉、举止文明、仪表端庄的品性；促进教师成为内省素质、量度品行、举止高雅、人际关系融洽的"灵魂工程师"。二是要求教师努力做好学生教育工作，提倡教师与学生建立深厚感情，树立以学生为本的思想，努力做好学生的思想政治教育和心理健康教育，通过各种方式引导教育学生遵章守纪，刻苦学习。三是重视学生安全教育工作，排查消除各种安全隐患，杜绝校园意外伤害事件，确保了学生安全。规定对问题学生要耐心帮教、个别辅导，培育学生良好的心理素质和健康的人格，让学生以平和的心态对待学习和生活。

二、组织教研活动

改革开放以后，永定地区的教育迎来了真正的春天。但是十年停滞不前的教育事业虽然焕发了勃勃生机，可是要提高教学质量，就必须狠抓教师的培训工作。当时的业务培训主要是通过组织各种类型的教研活动和教学研讨活动进行的。

（一）组织干部教师参加教研活动

1.加强教研活动的管理

为适应教育形式发展的需要，永定中心首先在提高基层领导的业务水平上开展了很多工作。要求中心班子成员及下属主任积极参加区教育局召开的各种会议，还要同各学科一线教师一起参加市电教馆举办的各类教学活动，参加区教研室举办的教材教法讲座和各种教研活动。在教师培训方面，学校还为中心校及5所完小的教师订阅了《中国教育》《北京教育》《班主任》《辅导员》等多种教育教学刊物，要求教师了解全国教育信息、学习先进教学方法、提高思想水平、端正教学理念。

2."走出去"与"请进来"

1981年4月，永定中心小学校长杨福成带领部分教师和班子成员到门头沟区军庄中心小学参观学习。一是学习军庄小学校长李培英的管理经验；二是带领部分教师听军庄小学优秀教师的课。活动中李培英校长向永定中心小学的领导介绍了自己的管理经验,教师和领导们听完课后,与讲课教师进行了交流。此次学习使永定中心小学的领导看到了自己的差距,并表示以后两校之间要建立长期的合作关系。

1981年5月,教育局小教科长侯庭毅联系朝阳区白家庄小学领导来永定中心小学给学校传经送宝。永定中心小学的领导和朝阳区白家庄小学领导共同召开了教学研讨会,双方就如何提高教师的教学水平进行了研讨。

经过这一次"请进来",使永定中心学校的领导班子成员大开眼界,提高了他们管理学校和领导教学工作的水平。

1982年3月,校长杨福成请侯庭毅科长与白家庄小学联系,安排本中心小学干部和部分教师"走出去",到白家庄小学去参观学习。3月25日,永定中心学校的领导班子全体成员和包括5所完小在内的全体一线教师,在区教育局小教科侯科长的率领下,分乘两辆车,前往朝阳区白家庄小学参观、学习。活动中全体教师以各年级教研组为单位,组织教师听相应年级相应学科的课,并与授课教师进行交流和研讨。学校要求各年级的教研组组长要有明确的学习目的,学习态度要虚心、诚恳。本次活动结束后,学校要求每个人都要写出一份学习心得体会。在本次学习活动中,学校领导对白家庄小学成立电教组,建立电教教室,以电化教育提高教师教学水平的举措表示赞同。

参观归来后,永定中心小学也学习白家庄小学的经验,在中心校增设了电教教室,并配备了一名电教教师,购买了摄像机和计算机,并定期到有关学校和部门录制优秀教师的课,有组织地在中心校电教教室内进行播放,让教师通过观看优秀教师的课,学习优秀教师的教育教学方法,提高自己的教育教学水平。

永定中心通过定期组织教师观看优秀教师的课,撰写观看心得体会,督促教师学会了结合录像课对自己的教学行为进行检查。

组织教师观看录像课,促进了教师正确地评价自己的讲课水平,找到了自己的不足，取得了很好的效果。与此同时，区教师进修学校小学教研室还特意准备了各科教学录像带，供各校教师借阅。

1983年，校长杨福成和武福源主任到中关村二小办事，顺便听了学校教师的几节课。在其中的一节语文课的课堂上，学生的主动性很强，求知欲旺盛，课堂气氛十分活跃，使两位领导受到很大启发。回到学校后，武主任组织教师观看了这节语文课的录像，有一位老师观看录像后说，原来我以为，废除注入式、满堂灌的教学法就是好课了。而中关村二小的课堂明显地体现了什么是以教师为主导，以学生为主体。我觉得在课堂上不仅要启发和调动学生的求知欲，还要注重培养学生的口头表达能力。让学生在轻松愉快中获得新知，这一点是我今后的努力方向。

（二）创设浓厚的研讨氛围

学校为了提高教师的教学水平，成立了37个语、数、英，高、中、低段教研组，定期召开教研组组长会议。并要求各村小教研组组长认真组织每两周一次的教研活动，做到时间、地点、人员、内容、主持人"五落实"，提高教研组活动的实效性。学校利用教研组，积极开展教学研究活动的动，提高了学校教研质量，让每一位教师都学有所得、学有所用。

1.围绕六个论题进行探讨和交流

2008年12月11—12日，永定分校老师分两部分围绕6个论题进行探讨和交流。每次讨论时间将近3个小时，每位教师都主动发表自己的见解。如：优秀青年教师屈坤鹏结合自身成长经历，深入浅出地阐述了作为教师最重要的不仅仅是知识的传授，更重要的是对学生的道德素质的培养；教师刘国旺论述了教师为什么要有责任感和使命感；副校长唐凤菊针对"如何带着工作方案走进领导岗位"作了典型发言。

最后，由学校党支部书记为大家作了点评和总结，并给在座教师推荐了《怎样做领导喜欢同事欢迎的好员工》《如何进行良好个人形象的训练》两篇文章。

2.李烈校长关注教学研究

在成立实验二小分校后,李烈校长多次亲临学校指导教学工作。

2007年6月20日,实验二小李烈校长带领4名干部,来到永定分校开展教学研讨活动。实验二小张蕾老师讲了《多彩的夏天》一课,展示了实验二小的语文教学理念,给永定分校教师以教学理念和教学方法上的启迪。永定分校教师宋玉玲讲了一节英语课,刘红云老师讲了一节数学课,每节课后李烈校长都结合课堂教学实际进行评课,李烈校长在评课过程中,将实验二小先进的教学理念融入其中,使讲课教师和听课干部、教师受益匪浅。

区委办公室主任陈国才、区教工委书记张爱宗、区教委主任何渊等领导也参加了此次教研活动。

10月25日上午,实验二小校长李烈、副校长郑萱来到永定分校与学校干部、教师32人进行了语文课堂教学的研讨与交流。

二位校长先后听了永定分校高进娥老师讲的《爱的奇迹》一课,张志坤老师讲的《五彩池》一课。李烈校长针对这两节课进行了点评,肯定了教师教学素养的转变,其中包括精彩两分钟环节的渗透及学生学习主体性的发挥,认为这些教学环节符合实验二小"双主体"的育人模式。副校长郑萱具体评析了这两节课,并就如何发掘语文课文中的文眼、如何抓住课文内涵和学生在课堂中的得与失,进行了教学方法上的

指导。

此次活动是实验二小与永定分校开展联合办学以来,针对语文课堂教学所进行的第一次研讨和交流活动,实验二小的领导表示,今后将进一步深入到永定分校,开展两校间教学工作的互动交流,使永定分校的教学工作早日融入实验二小教学体系之中。

3.召开小学毕业班研讨会

2007年7月23日,永定分校召开小学毕业班研讨会,本次研讨会为第五期毕业班暑期研讨会。本次研讨会的主题是"交流经验,解决困惑,找出不足,争创佳绩"。在研讨会上,马留芬校长首先做了《教学策略花絮》的演讲,分别从智力因素和非智力因素两个角度论述了"什么是教育"的本质。60多名教师参加了研讨,卢存忠、陈铁龙等10位教师分别结合数学教学、作文教学、阅读教学的教学方法和教学理念,谈到了自己的经验和困惑。

本次研讨会改变了过去点名发言的传统,教师们踊跃发言,各抒己见,精神面貌焕然一新,真正形成了研讨气氛。

(三)关注课堂教学

1.加强学习,达成共识

2006年2月开学初,永定分校认真组织教师学习课程标准,钻研使用好新教材;组织全体教师学习创新教育的理论书籍,提高教师的教学理论水平。要求教师深入钻研教材,掌握教材体系、课程标准、教材基本内容及其内在联系,抓住主线,明确重、难点。要求每课教案要做到"五有":有明确的教学目的;有具体的教学内容;有连贯而清晰的教学步骤;有启发学生积极思维的教法;有合适精当的练习。要求教师提前两天备课,坚持写教学后记,授课后及时记载本课教学的成功和失误;以便不断总结经验,吸取教训,改进教法,不断提高。

2.深入教学一线　向课堂要质量

2006年永定分校校长带领领导班子成员，检查各村小教学情况。要求各村小领导随时深入一线课堂听课，实行每月不定时随堂检查；要求每位村小领导在一个月内将村小教师的课听一遍，对于听课发现的问题及时反馈意见，帮助和督促整改；要求分校主要领导要与教师保持紧密联系，并在和谐友好的气氛下与学科教师共同探讨教学中存在问题，提出建设性意见与建议，指导教师教学，提高教师的业务能力；决定每学期开展一次课堂评优活动，对评出的优秀课，中心给予奖励；决定领导干部坚持每周二到一所学校检查工作，检查重点是听课和查看备课笔记、学生作业情况及课堂常规，发现问题及时解决。

3.组织"爱之源"杯教学大赛

2011年9月28日至10月21日，北京第二实验小学永定分校举办首届校级"爱之源"杯教学基本功比赛。举办本届"爱之源"杯比赛的目的是，为即将举办的区第四届"三杯"选拔参赛选手，同时通过比赛提高青年教师专业水平，打造具有研究意识的教研团队。比赛分为初赛和复赛两个阶段。初赛体现教师独立设计教学的能力，青年教师全员参加电子教学设计比赛；复赛体现教研组集体智慧。初赛选拔出的教师与教研组进行集体备课，共同研磨，参与课堂教学的比赛，最终评出"爱之源"杯个人奖和教研组集体奖。

为了真正达到以赛促训、锤炼队伍、聚焦课堂、追求高效的目标，学校将"爱之源"杯初赛与本学期区级"三杯"比赛相结合，按"春蕾杯"和"百花杯、秋实杯"要求进行比赛，比赛参加者二选一，比赛优胜者将取得参加区级比赛资格。

进入区"三杯"课堂教学评比的青年教师，要求独立备课、讲课，所在教研组全员参与听课，并在课后进行研讨。以比赛促教师个人和教研组共同提高，同时为校"爱之源"杯的复赛进行预练。通过这样的活动，促使干部教师关注课堂，聚焦课堂，并在尝试与改进中让课堂更高效。

4.开展"一带三"名师工程

开展"一带三"名师工程，加强青年教师培养。2006年10月13日，邀请北京特级教师田丽利到校讲课做讲座，课后田老师破例接收经秀萍、刘洪云和杨红丽等7位教师为徒，这7位教师是在全中心数学教师中层层选拔出来的。区教委副主任、小教科科长和学校领导，分别向田丽利老师和另外14名导师颁发导师聘书，学校校长做了《师徒结对教学相长情系南城再创辉煌》的讲话。最后，区教委领导讲话，希望徒弟能跟导师学思想、学经验、学方法、学做人，从而铸精神、塑灵魂、求发展。

2006年11月25日，田丽利老师再次来到永定分校指导教学工作，听取了经秀萍、刘洪云和孔红英三位老师的研究课。课后，田教授从"要我上课该怎么上""怎样调整和补充"的角度，与大家进行了交流，指出任何一个教学细节都应该考虑学生的实际需求，高效、精彩、和谐的课堂，来自教师的精心设计。

田丽利老师指导数学教师的课堂教学，引起了强烈的反响。她不但给永定分校带来了崭新的新课程教育理念和数学教学思想，还带来了自己特有的数学课堂教学策略，对永定分校教师队伍专业化成长产生了积极的促进作用。

（四）组织第二届教学科研月活动

2006年10月，区教委和区教师进修学校联合组织第二届教育科研月，本次教育科研月涉及全区所有学校的共计33大项的教育科研工作，有教师1600余人次参与了本届教育科研月活动。2006年12月，永定分校对第二届教育科研月进行总结。

实验二小永定分校也组织教师积极参加了本届科研月。永定分校的科研月呈现以下几个特点。

一是活动形式多样，内容丰富多彩。学校在本次科研月中，除了开展一些常规的培训和讲座活动之外，还组织了针对不同对象的研讨活动，包括一线教师之间展开的教学设计和教学方法交流；干部开展的学校管理研究；学校校本课程的研究和展示；骨干之间展开的成长历程的研讨等。二是举办了不同类别、不同层次的竞赛活动，包括学校领导的听课评课比赛、教师的基本功竞赛、教师计算机应用竞赛、英语演讲比赛等。三是参与群体广泛，活动扎实有效。永定分校举办本次教育科研月活动的目的之一，是希望能够在一个相对集中的时间内，整合全校优质教育资源，营造一种研究氛围，强化学校干部教师的科研意识。因此，本届教育科研月从始至终贯彻了"全员参与、全程参与"的理念，保证了教师人人参与。四是辐射范围广阔，成效显著。永定分校在本届教育科研月中，特别强调开放性，使教育科研月的各项活动不仅局限于学校内部，而且动员了部分家长参与其中，提高了教育科研月活动的影响力和知名度。

2006年12月，历时一个月有余的门头沟区第二届科研月结束，永定分校的教育科研月活动也随之结束。之后，区教委每年都举办教育科研月活动，永定分校每年都会组织教师积极参加。通过参加教育科研月活动，提高了学校广大教师对教育科研的认识，增强了参与教育科研活动的积极性，促进了学校发展。

三、名师引领促提升

（一）全国特级语文教师吉春亚来校讲学

2007年12月10日，全国特级语文教师吉春亚应永定分校领导之邀，到永定分校为来自永定、斋堂和清水3所农村中心小学80多名语文教师上了几节观摩课。吉老师首先上了一节游戏作文课，其中贯穿

了吉老师独特而先进的作文教学理念：①在玩中学，诱发学生作文兴趣；②引领方法，让学生自己在不知不觉中学会观察、思维和组织语言；③文以载道，让学生透过游戏明白生活中的哲理。简言之：快乐地学习作文，做最好的自己！接下来，吉老师又上了一节精彩的讲读课《黄河的主人》。吉老师说："语文课要扎扎实实地上出语文味来。"吉老师解释所谓的"语文味"，就是指引领学生与文本对话，把文字中的画面读出来。讲课时要始终抓住这条主线。课后，吉老师还和大家进行了互动交流。

（二）特级教师袁志勇应邀到校指导

2011年2月8日，北京教育学院宣武分院特级教师袁志勇应邀走进北京第二实验小学永定分校，他以"'作文思维阶梯'引领教师专业发展"为题，为教师进行了如何教学生作文的培训。参加活动的有全区五年级语文教师、语文工作站教师、部分学校教学主任及北京第二实验小学永定分校全体语文教师共计80余人。

袁老师的培训以一节作文课《怎样设计构思》为例，用朴素、幽默、诙谐的话语，生动有趣的小故事，把学生引入了写作的欲望之中和作文思维的大门。课后袁老师向全体与会者就本课的情况，进行了反思式的分析，对本课教学中的每个环节的目的及注意事项进行了明确的说明，引领教师进入了如何对孩子进行作文训练的大门。

接着他以什么是"课堂教学内容有效的教学三段论"为题，为教师们举办了讲座。他在讲座中对"固化、变易、生成"三个台阶，"一问、二想、三答"有效思维三元素进行了细致的讲解，使与会者头脑中形成了一个清晰的思维链条。

通过本次培训，使教师们进一步认识到："作文思维阶梯训练"是让学生"围绕中心，把作文写具体"的一条有效捷径，是构建高效作文课堂的前提和保障。

（三）外教Jill走进小学课堂

2010年12月8日下午，外教教师Jill来到永定分校，并走进学校三年级（3）班英语课堂。外教的到来，活跃了课堂气氛，孩子们很快就和这位老师熟悉起来，Jill用各种服饰将自己装扮起来，甚至戴了两顶帽子，给孩子们创设情境，孩子们受到"洋教师"身上的"洋文化"的感染，激发了学生的学习热情。Jill随时、随机地与同学们进行对话、交流，并用游戏方式创设学习情境，活跃了课堂气氛。孩子们虽然是第一次听外国人说话，第一次与外国人交流，第一次跟外国教师学习，但是他们充分运用自己已有的知识经验和理解能力，积极思考，热情参与，认真回答每一个问题，得到了外教老师的称赞。教师们说，这样的活动不仅给学生带来了学习英语的乐趣，也给教师们带来了很多英语教学的方法，这对我校"构建高效英语课堂，全面提升英语教学质量"起到了很大的推动促进作用。

第二节　加强与实验二小交流

2005年11月29日，西城区教委领导和门头沟区教委领导，在门头沟区龙泉宾馆签署西城区与门头沟区联合办学协议暨实验二小与门头沟永定中心小学合作办学协议。协议签订以后，门头沟永定中心小学正式更名为实验二小永定分校。李烈校长及学校主要领导干部5人到会；门头沟副区长王智慧、教委主任陈国才、副主任何渊、副主任闫友元等区政府和区教委领导，永定中心小学书记、校长出席签字仪式，并在联合办学协议上签字。本次联合办学协议的签署，标志着北京第二实验小学与门头沟永定中心合作办学正式开始。从此，永定分校紧跟实验二小本校前进的步伐，不断践行本校教学理念，在交流学习中努力提升自己。

2006年2月中旬，实验二小将学校工作计划发至实验二小永定分校。

2006年3月中、下旬，实验二小邀请永定分校组织干部、教师参加实验二小"凌空"杯教学评优活动，并参加了实验二小开展的校本研讨活动。

自2006年3月9日，实验二小永定分校成立以来，直到2011年10月，实验二小与永定分校开展相互学习交流多次，参加教师达300多人次，他们在交流合作中，不断更新理念、汲取新养分。

2006年4月初，实验二小向永定分校赠送书籍《给生命涂上爱的底色》，永定分校组织干部、教师开展了"同读一本书"的主题活动，并举办了学习心得交流活动。

2006年8月底，实验二小又将本学年工作计划发至永定分校，并希望进行研讨交流后提出意见。

2006年10月，区教委主任何渊、永定分校校长马留芬到实验二小与李烈校长共同研讨永定分校新建校蓝图，并提出了建设性意见。

2006年12月11日，实验二小校长李烈、副校长郑萱来永定分校指导工作，听了李海涛老师的数学课，史文华老师的语文课，并作了点评。

2007年2月26日，实验二小永定分校领导带领8名中层干部参加了实验二小2006—2007学年度第二学期的开学典礼。这是新年伊始两校间的首次交流。在开学典礼上，实验二小李伟介绍了实验二小艺术团访美活动情况，实验二小校长李烈对实验二小的工作计划进行了重点解读，之后，李校长和永定分校领导进行了交流。其中李校长所说的"作为一名领导，所领导的学校办学理念不能变，但是它的内涵要不断翻新，并重在引领"。她的话，使永定分校领导和教师感触很深。最后，两校校长敲定了本学期将要举办的两次交流活动事宜。2月28日下午，永定分校召开主题为"遵守师德规范，做人民满意教师"全体教职工大会，传达了这次交流活动情况。

2007年4月中旬，实验二小举办"凌空"杯青年教师基本功大赛，邀请永定分校部分领导和教师参加，马留芬校长带领分校干部、教师共16人参加了活动。

2007年5月27日，实验二小第七届艺术节"共谱爱的乐章"在人民大会堂举行，永定分校领导带领9名干部、教师参加了此次活动。

2011年5月，两校加大相互学习交流力度，互派两名语文、数学教师到对方学校进行学习交流，实验二小两名语文教师到永定分校学习任教，永定分校派了一名语文教师和一名数学教师到实验二小学习交流。

2011年，永定分校副校长赵建华、德育主任杜海燕、英语主任王春丽、大队辅导员扬帆到实验二小挂职锻炼一个月。

第三节　推进课程建设

一、开展英语校本课程研究

（一）英语校本课程研究的初始

2005—2006学年度，永定中心小学（永定分校前身）确定了以英语教学为龙头，带动学校其他教育教学工作的办学思路，并开始了英语教学校本课程的研究和探讨工作。一年来主要工作如下：

为提高学校英语教学成绩，学校加强业务指导，定期邀请专家到校指导英语教学工作，提高教师的英语教学水平；加强英语教师队伍建设，通过组织教研活动、组织教师外出学习参观、组织观摩课等措施锻炼队伍；

帮助家长提高认识，形成家校合力，共同创造良好的英语教学氛围；改变课堂评价机制，使课堂评价更加有利于提高学生英语学习成绩；通过举办研究课、强化课堂要求标准、培训志愿者教师、组织外出考察活动等措施，提高教师教学水平；通过每周说一句英语、制作英语手抄报、开展英语板报评比、组织英语节、开展圣诞节英语展示活动、建立学生学习奖励积分制、举办博士英语课堂等措施，创设英语教学氛围，提高学生英语学习成绩。

（二）成立英语工作室

2006年以后，实验二小永定分校开设了能动英语的校本课程，目的是通过实验，使学校英语教学达到教与学的完美统一，纠正英语教学中只注重学生听、说、读、写的传统"实用主义"英语教学方式，使英语教学知识化转化为智慧化，使理论转化为方法。

2007年3月，实验二小永定分校为加强学校英语教学工作，提高教师英语教学水平，成立了学校英语工作室。英语工作室启动了学校能动英语教学校本课程实验。

英语工作室吸纳一部分学科优秀教师，尤其是青年教师，转变观念，转变角色，坚持从学生的学习兴趣、生活经验和认知水平出发，对英语教学内容、教学模式、教学方法进行实实在在的实践和研究，使英语课堂真正做到以人为本，以学为本，以学论教的目的。真正实现教、学、研一体化，全面提升英语课堂教与学的实际效果。

工作室给青年教师创造教学研讨及实践的合作机会，努力营造平等、民主、和谐的学术氛围，使青年教师之间互相学习、互相支持、互通有无，为培养教育新秀、激活教学科研开创一片新天地。

工作室在破格培养青年后备人才方面加大力度，通过探讨新的教科研课题研究措施、强化学术交流、组织学习参观、举办学术论坛讲座、定期举行示范教学等活动，积极落实英语校本课程的研究和开发。

英语工作室在课题研究方面，大力实施课堂教学改革，使自己的课堂教学设计符合学生生理和心理特点；遵循语言学习的规律，面向全体学生，力求满足不同类型和不同层次学生的需求，促进师生彼此间的合作，并在英语课堂上逐步形成一个"学习共同体"；建立开放的师生关系，创设开放的语言环境，设计开放性教学内容，布置开放性的主题作业，试验开放性教学评价，以此营造和谐的课堂气氛；通过改变固定的学习程序，使学生的英语学习方式具有选择性、实践性、社会性、创造性，提高学生英语实际运用能力。

学校英语工作室成立以后，在英语教学方面，培养了一批热衷于英语课程研究的教师，提高了全校学生的英语学习能力。学校英语教学成绩在全区名列前茅，成为门头沟区课程建设的品牌。

（三）举办英语校本课程系列活动

1. 58名英语教师亮相英语节

2007年6月1日，门头沟区实验二小分校永定分校举办第四届英语文化艺术节。学校58名英语老师在英语节上表演了诗朗诵《假如我回到童年》。门头沟区副区长李建军、北京首师大教授李如云和永定分校58名教师在第四届英语文化艺术节合影留念。本届英语节和前三届一样。

2. 专家为英语校本课程指点了迷津

2007年11月，北京市课程中心专家李群老师到永定分校就英语课程实施情况进行调研。李群听了学校两节英语研究课。课后与授课教师们进行了研讨。指出课程改革是一个不断否定的扬弃过程，因此要求教师一定要在原有的教学模式上创新。如：在学习单词时带出词组、短语和

句子，这样就减轻了学生学习课文的压力；通过回读和多媒体应用，使现代化教育设备为课堂教学服务，提高学校英语教师的课堂效率；对于英语教学中难懂的语句，要指导到位，使孩子"跳一跳，够得着"；通过同桌互读，查出"漏网之鱼"；在训练听力完成知识点的时候，给了学生一个方法作为支撑。

李群老师最后肯定了永定分校英语教学改革所取得的成绩，认为是农村小学英语课堂教学改革的重大突破。建议学校为教师做视频课例，把教学实践提升到理论上来。

李群老师对永定分校英语校本课程建设的意见和建议，为永定分校开设英语校本课程指点了迷津。

3.获得"英语教学实验学校"称号

2007年12月23日，永定分校被国家基础教育实验中心外语教育研究中心正式批复为"英语教学实验学校"。这个称号的获得，为永定分校英语教学水平提升和英语教师的专业化成长，起到了积极的促进作用。

同时在浙江绍兴召开的英语教学实验学校年会上，国家基础教育实验中心外语教育研究中心秘书长、国际英语外语教师协会中国分会会长、英语辅导报社社长兼总编辑包天仁教授会见了永定分校马留芬校长。

4.四校共同研讨英语教学

2007年12月27日上午，永定分校邀请龙门小学、黑山小学、斋堂小学和清水小学的领导和英语教师共同举办了一次英语教学研讨活动。教师进修学校英语教研员也应邀参加了本次教研活动。

在活动中，永定分校安春华老师上了第一节英语课"What are you going to do?"，为大家展示了永定分

校真实的英语课堂教学模式。樊桦老师上了第二节校本英语课《元音"ee"及其单词拼读》，展示了永定分校低年级基础英语的教学过程，樊桦老师通过音乐和游戏的形式，激发学生学习单词的兴趣，产生了很好的教学效果。刘洪云老师上了第三节校本英语课"Shopping"，再现了高年级话题英语的语言交际场面，刘洪云老师通过角色表演和购物展示活动，培养了学生语言交际能力。在课后的研讨中，大家对永定分校的英语教学给予了充分的肯定。此次英语教学研讨活动对进一步深化永定分校的英语教学工作起到了积极的促进作用。

5.举行英语实验校挂牌仪式

2008年1月4日，国家基础教育实验中心外语教育研究中心秘书长包天仁教授，到门头沟进修学校为永定分校、大峪一小和大峪二小3所学校正式挂英语实验校牌，从此，我区3所学校成为全国英语实验学校，为门头沟区英语教学水平的提升和英语教师的专业成长搭建了一个广阔的平台。

6.举办疯狂操练英语口语培训

2008年1月21日，永定分校在暑期集中两天时间对全校200多名教师进行李阳疯狂英语口语培训。在此次培训中，学校教师十分投入，都勇敢地张口大声朗读英语阅读材料，彻底改变了过去羞于开口的窘况。更为重要的是通过培训，使教师进一步领悟了疯狂英语的学习理念，提高了教师的英语口语水平，为打造英语教学特色校夯实了基础。

7.专家调研英语校本课程

2008年4月24日，北京市教育科学研究院基础教育课程教材发展中心课程室主任程舟、东城区教委小幼科、东交民巷小学及我区教委小幼科有关领导，到永定分校对学校英语校本课程综合培训工作进行

调研。专家首先听了永定分校的三节英语课，随后进行了座谈。在座谈中专家针对这三节课进行了点评。认为永定分校的英语教学还可以进行长线研究，并应该在拼读英语和话题英语方面加强研究。东交民巷小学的教师还针对教师培训、学生训练等话题，与永定分校的教师进行了交谈。

8.举办校本课程建设交流研讨活动

2008年6月19日，永定分校认真承办了北京市校本课程建设交流研讨现场会。会上，北京教科院基础教育课程中心主任钟作慈、课程教材发展中心课程室主任程舟、研究员李群老师，北京师范大学教育学院课程专家丛立新教授、门头沟区教委主任何渊及兄弟区县中小学领导、教师等200余人出席了此次活动。活动中，来宾们首先听了永定分校低、中、高不同年级段的8节校本课。之后，分校学生用节目表演的形式展示了丰富多彩的英语才艺。丛立新教授点评说，实验二小永定分校的英语教学实践证明，在农村小学开设英语课是能够达到国家规定的标准和目标的，农村小学要达到英语教学目标，只凭国家课程是不够的，必须开发各种形式的校本课程，为国家课程提供很好的支撑。钟作慈说："在新课程改革调研中，远郊区县和部分近郊区对农村小学英语教学问题反映强烈，永定实验小学分校为我们做出了榜样，提供了很多可以借鉴的成功经验。"《现代教育报》对此也作了专题报道。

9.举办英语校本课程学习交流活动

2008年9月27日，北京市教育科学研究院课程中心校本英语课程发展项目组在英语校本课程基地校——实验二小永定分校开展了该项目成立以来的第一次学习交流活动。参加此次活动的有大兴县礼李贤小学、丰台区石榴庄小学、昌平区二毛小学、北京东城区史家胡同小学分校和门头沟区龙门小学、黑山小学等英语教学实验学校。

  活动开始，首先由课程中心主任程舟向前来参加活动的85名领导、教师介绍了基地校开展英语教学实验的情况，研究员李群老师邀请基地校——永定分校英语教研组组长王春丽老师为教师们作了英语拓展类校本课程——拼读英语知识培训。培训结束后，李群老师向实验学校提出要求，回去后认真学习培训课件并在本校进行交流，同时思考如何把拼读英语知识的规则娴熟地应用在英语课堂教学上，怎样把校本课程和国家课程进行有机的整合。

  下午，参加活动的人员观摩了基地学校樊桦和屈坤鹏两位老师的校本课程与国家课程相整合的英语课。课后，基地学校马留芬校长做了点评：一是要在有限的校本课程时间内集中学习拼读英语知识，学生开始是不熟练的，需要慢慢来，熟能生巧，并给学生一个支撑，帮助学生建立自信；二是在学生单词记忆方面让学生自己构建英语学习的规则，通过不断内化和固化，使绝大部分学生能够跟上来；三是在课堂结构上要为学生今后的发展奠定一个扎实的基础。

  10.荣获2008年优秀外语实验学校称号

  2008年永定分校荣获本年度优秀外语实验学校称号。2008年10月28日，在第六届全国外语实验学校校长论坛暨年会上，马留芬校长荣获外语实验学校优秀校长称号。另外，有32篇论文分别获得一、二、三等奖。该项评选由国家基础教育实验中心外语教育研究中心主持，面向全国，采取专家评审形式，标准包括专业性、学术性。来自全国20多个省市地区近300所实验学校参加，35所学校获奖。实验二小永定分校派出18位老师参加了这次年会。

二、加强学校课程建设

（一）召开校本课程开发动员会

2008年6月30日，永定分校召开推进校本课程开发动员会。会上马留芬校长对学校校本课程开发进行了动员，之后全体教师就学校校本课程的开发和研究工作进行了研讨。通过研讨交流，大家取得了如下共识：一是开发校本课程要立足于学校实际、学生实际，使校本课程的开发接地气，有基础；二是开发校本课程要制定详细的开发方案，保证课程开发按照既定目标进行，不至于跑偏；三是校本课程的开发要调动三个积极性，即领导干部的积极性、教师的积极性和学生的积极性，使课程开发具有广泛深厚的群众基础。全校近200余名教师参加了研讨会。

（二）举办北京市课程建设专题项目研讨会

2011年11月9日，由北京市教科院课程中心主办，门头沟区教委和北京第二实验小学永定分校承办的"走进实验二小永定分校——2011北京市课程建设专题项目研讨会"在北京第二实验小学永定分校隆重召开。北京市教科究院课程中心、门头沟区教委、门头沟区教师进修学校领导和专家出席了会议，来自全市各区县的项目组成员和我区各小学校长、副校长、教学主任、骨干教师等160多人参加了会议。

与会人员首先参观了实验二小永定分校的校园及实验二小永定分校的社团活动，然后分组听取了实验二小永定分校十一位教师、黑山小学、潭柘寺小学的两位教师所展示的校本课程、地方课程与国家课程的整合课，最后全体与会人员集中听取了实验二小永定分校校长宋茂盛

所做的《校本课程建设工作》汇报，得到了专家的肯定。

为加强校本课程建设，推进三级课程管理，促进学校特色发展，实验二小永定分校以拓展类英语校本课程为突破口，结合学校的优质硬件资源，立足学生的多样化需求，新开发了涉及文学素养、科学素养、艺术素养、身体素养4个门类26个校本课程，对原有的英语校本课程进行了重组，完善了学校的课程体系。

课程中心和区教委领导对学校课程建设情况和此次现场会的成功举办给予了很好的评价。

（三）举办高效课堂校长论坛

2011年6月10日下午，在北京第二实验小学永定分校举行"门头沟区深化教学方式改革构建高效课堂——校长论坛"。论坛由门头沟区教委主办，北京第二实验小学永定分校承办。国务院参事、北京第二实验小学校长李烈、北京市教委基教一处处长杨志成、基教二处副处长李永生，门头沟区教工委书记张爱宗、教委主任何渊、教师进修学校校长王占景及教委中、小教科，门头沟区委组织部、宣传部和全区中小学校长、副校长、教学主任160余人参加了论坛。活动由区教委副主任杨玉柱主持。

活动第一部分由实验二小永定分校、东辛房小学、坡头小学、工人子弟小学的6名教师分别平行执教6节课，与会者分头听课。第二部分是校长论坛，实验二小永定分校校长宋茂盛围绕教委要求，积极开展构建高效课堂的"五导"教学模式的研究，使学校教师的教学更接近学生实际，更加有利于学生发展的发言，赢得了与会者的共鸣。坡头小学校长王翠珍、工人子弟小学校长李西刚、东辛房小学校长谭峰也分别作了发言。李烈校长对活动进行了精彩的点评，她首先肯定门头沟区教委"构建高效课堂"论坛活动确定的主题好，活动形式好，突出了课堂是校长工作重中之重，然后指出四位校长发言各有千秋，从独特视角反映各校构建高效课堂的做法，她希望门头沟区教委把这项活动扎扎实实、按部就班地做下去。最后市教委的李处长、杨处长分别对活动进行了总结。

2010年5月，为深化中小学教学方式改革，提高课堂教学的实效性，门头沟区教委制定了《门头沟区中小学深化教学方式改革构建高效课堂实施方案》，要求各学校一定要统一思想，聚焦课堂，面对课堂教学中存在的问题，以科学发展观为指导，用全新的教学理念引领课堂，从生命的高度和动态生成的观点上认识课堂、关注课堂、改革课堂，让课堂焕发出生命的活力。

（四）举办高效课堂教学研讨活动暨拜师会

2011年3月24日，北京第二实验小学永定分校举办"构建高效课堂数学教学研讨活动暨拜师会"。当天，北京第二实验小学李烈校长、华英龙副校长携辽宁抚顺分校干部教师一行9人，来到永定分校进行教学指导。区教委主任何渊、副主任杨玉柱，区教师进修学校校长王占景等领导出席研讨会暨拜师活动，来自全区20余所小学的教学干部、数学教师近200人参加了本次活动。活动由永定分校副校长赵建华主持。

北京第二实验小学永定分校校长宋茂盛首先致辞，表达了对实验二小本校的感谢和前来参会的领导、来宾表示欢迎。然后由永定分校教师谭青秀和实验二小本校副校长、特级教师华应龙分别讲了数学课《认识小数》《圆的认识》，永定分校青年教师谭青秀的数学课科学严谨，并富有创新性，展现了永定分校青年教师努力探索、勇于创新的个性；华老师的课独具匠心，活泼风趣，魅力无穷。两人的课都给听课教师留下了深刻印象。

李烈校长分别对两节课做了精彩的点评，她对分校教师谭青秀的课积极渗透本校教学理念给予了充分肯定，同时也语重心长地指出教学中存在的一些问题；她对华老师的课也进行了认真的评析。

随后，永定分校四位青年教师谭青秀、赵丹、何新、安海霞分别拜实验二小华应龙校长、马丽英主任、王培荣主任和张永岐主任为师，她们手捧鲜花敬献名师，表示了对师傅的尊重。青年教师代表何新表示，一定要努力向师傅认真学习，不但努力学习教学艺术，也要认真学习如何做人，绝不辜负分校领导的期望。

最后，区教委杨玉柱副主任针对这次研讨会进行了总结发言，他盛赞了华老师的精彩课堂真正体现高效课堂的高效做法，表示赞同李烈校长的点评，并肯定了举办这次研讨会的作用。表示要认真思考这次研讨活动的积极意义，把这次研讨活动作为推进高校课堂的助推器，推进门头沟区教委高效课堂建设。

（五）举办"培育学校课程文化提升学校办学品质"校长论坛

2013年1月，区小幼科在实验二小永定分校举办"培育学校课程文化提升学校办学品质"校长论坛，全区小学校长和主管教学干部参加论坛。举办本次论坛的目的是探讨实施课程改革以来，如何进一步推动课程与课堂，提升办学品质的方法和思路，指导课程改革实践。

我区实施课程改革以来，已经逐步形成了课程与课堂双轮驱动、提升办学品质的工作思路，但是还不完善，在指导实践中还有很多问题。在本次论坛中，实验二小永定分校校长宋茂盛、大峪二小校长高海英、育园小学校长侯勇等先后发言，与大家共享了他们在课程改革中，如何做好课改与减负、提质的基本做法。通过举办本次论坛，促使各校领导干部积极开展对学校的减负提质工作进行认真梳理，做好管理与减负、教学与减负、课程与减负、作业与减负、考试评价与减负五个层面的工作。在本次论坛中，还对72篇减负论文、案例作者进行了表彰。

北京师范大学教育学部课程与教学研究院教授张春莉，北京市课程中心课程专家李群、韩宝江，北京市教委基础教育一处处长张风华，北京市课程中心主任杨德军，北京市课程中心课程室主任程舟，门头沟区教委主任李永生等领导和有关专家出席了本次论坛。

《中小学管理杂志社》《现代教育报记》《中国教师报》《京西时报》等平面媒体记者分别对本次论坛进行了报道。

第四节 构建"育鹰"课程体系

一、完善课程的顶层设计

2013年在北京市课程中心和区教委的支持下，实验二小永定分校成为北京市"遨游计划"实验学校。市教委对遨游学校给予了特殊的政策，在该项政策的支持下，学校拥有课程建设的六大自主权，因此，学校在宋茂

盛校长的带领下，重新审视学校的办学理念，构建了基于学校育人目标，结合现行的国家、地方、校本的新的三级课程，并且形成了相互支撑、相互融合的由"六大领域、三个层次"构架的"育鹰"课程体系。在实践过程中，学校将课程科学分类，并进行反复研磨。学校干部教师不断深入思考六个领域的划分与三个层次实施之间的关系，学校多次邀请北京市教科院和北师大课程研究学院的专家到校进行课程指导，不断深化课改研究，形成研究体系。

"一体"是指以学校育人目标为主体；"两翼"则是人的两大核心素养，人文素养和科学素养；"六大领域"分别是科学实践领域、语言实践领域、艺术实践领域、社会实践领域、健康实践领域和综合实践领域；"三类"指基础类课程、拓展类课程、提升类课程。

学校在课程体系的设置中，打破了国家、地方、校本三级课程的壁垒。将三者有机的整合与融和，既落实了国家基础课程、市区级地方课程目标要求，又满足了学生个性化发展的需要。

根据课程的需要，学校对课时和教材设置进行了适当调整。如中年级语文主题单元教学，拼读英语在英语课堂上的运用，思维导图在学科教学中的应用，五年级数学走班制实验，低年级国学浸润课堂等；在此基础上，将基础课时定为40分钟，长短课时相结合，既有连排的80分钟大课，也有10分钟小课；在授课形式上既有传统课堂的授课，也有多课时的主题教育活动课，如各学科整合的主题实践课程、入学课程、毕业课程等。

开设家长课堂，校长向家长宣讲学校办学思想、办学目标、学校文化等，与家长共筑美好愿景；年级组长向家长介绍一年级课程理念，提示家长协助做好入学前准备。

围绕课程改革进行学校内部管理机构的调整，将学校各职能部门整合为"两室两中心"，即办公室、教科室、学生发展中心、服务中心，为课程建设保驾护航。

改革学生评价方法，在《小学生综合素质发展评价手册》的基础上，围绕育人目标形成了本校自己的学生多元评价方式。

二、开展学科课程改革

（一）语文课程初具体系

语文学科是学校教学的基础学科，在"育鹰"课程体系中隶属于语言领域的范畴。面对国家对母语学习的新要求，面对学校新的课程体系，为落实语文学习"人文性""工具性"相统一的课程基本特点与要求，永定分校语文学科开始了语文课程重构与转变教学方式的探索。学校将国家课程进行拓展，并有效地开展了与地方课程和校本课程有机融入的课程。

经过几年的实践与探究，永定分校的语文课程改革从识字、阅读、习作、实践四个领域为切入点，确定单元学习主题，凸显了语文学习人文性与工具性的有效统一。构建了由"主题识字拓展""主题单元阅读""主题专项习作""主题实践活动"四部分的"主题引领"下的语文课程体系，让学生在"主题引领"下获得精神与能力双丰收，努力达到了以"识字促阅读，阅读促习作，实践促能力"的课程目标。

（二）"育鹰"课程下的数学课程改革

在"育鹰"课程的引领下，学校数学学科展开了以"面向全体学生，建立大众数学"为指导思想的数学课程改革，其目标一是提高学生的数学思想与素质、关注学生的个别差异、注意学生个性、兴趣、能力的差异；二是实行区别化的课程与教学，将数学的应用、问题的解决作为数学教学的核心，注意数学建模能力的培养；三是关注学生的参与程度，尤其是在探究活动中，更多地注重过程，而不仅仅是结果；四是以评价的多元化与多样性，构建永定分校特有的数学课程框架。

1. 知识串的网状教学

在研读课标和教材基础上，根据知识的内部联系进行知识链重组和教学方案整体设计，使学生在学习的过程中建立较完整的知识框架，为数学应用做好准备。具体实施采用：单元整体教学设计的新授课和练习课来完成。

2. 开展生活化的实践数学

通过数学活动，扩展学生的知识基础和学习经验，培养学生的创造力和应用能力。在活动中我们把已有的知识、技能、策略内化为思想方法。即感受到数学有用，同时也是对学生数学能力和生活能力的培养。具体实施采用：数学游戏课和主题研究课的方式开展。

3. Word 无边界的阅读数学

数学是学好其他学科的基础性学科。通过阅读课，拓宽学生的阅读视野，培养学生的阅读兴趣。在阅读的过程形成中从数学角度审视文本的意识，培养阅读习惯及提取信息的能力。并且通过对信息的理解分析能够根据已知条件间的联系进行推理，得到新的条件。培养学生的推理能力和逻辑思维能力。具体实施采用：为每个班级提供数学阅读和数学报的刊物；每周要上一节数学阅读课，既有学科内的阅读，也有学科间的阅读。

（三）英语课程持续发展

实验二小永定分校英语学科的改革始终走在全区课改的前沿，在育鹰课程的引领下，又迈上新的台阶。学校积极探索精彩两分钟—学习新知—情境感悟—语言习得—语言训练—作业布置"六环节"教学模式，使原有的"拼读英语"教学方式与教材相结合，促进学生语言习惯的生成，最终形成综合语言运用能力，并实现学校的育人目标。

学校根据学生的实际需要开设外教课堂，并进行学科实践活动；根据学生实际需要开展视听说、英语经典剧目赏析、英语剧表演等活动，使学生在实践中拓宽国际视野，在交际中进行文化渗透，在表演中提高综合运用语言的能力。

三、精心设计各类课程

在前期课程研究的基础上，永定分校结合儿童的心理特点和发展需要，充分分析课程与学生发展之间的关系，精心设计各类课程。

（一）入学课程为学生奠定基础

升入一年级是开启小学生学习生活的关键转折点，这个转折点就是如何尽快让学生从以"游戏为主"的幼儿园小朋友过渡为以"学习为主"的小学生。"入学课程"就是根据学生在升入一年级的关键时期为新入学的孩子特别打造的衔接课程，是从发展和提高学生自身内部适应能力入手，围绕"学习适应能力"这一核心，为学生做一般的和特殊的两方面连续准备，以帮助学生实现不同教育阶段的顺利过渡。

入学课程属于学校的综合实践课程，分为基础、拓展和提升三个层次。

一是通过对《弟子规》的学习，帮助学生建立正确的价值观，养成良好的生活习惯和敦厚善良的心性。同时借助《弟子规》开展"国学进课堂"的实践，以《弟子规》规范学生课堂常规。

二是通过举办开笔礼、入学课程汇报等，见证孩子们的成长。通过发放入学通行证，鼓励孩子们发扬好习惯，在开学第一个月，经过一个月的学习、适应、练习，使学生初步树立规则意识，养成了良好的行为习惯。

三是通过其他活动，促进入学课程的实施，使小学生成功地迈出坚实的第一步。

（二）毕业课程助力小鹰展翅翱翔

永定分校在六年级开设了毕业课程。毕业课程贯穿六年级始终，既是学生小学学习生活的终点，又是为初中生活做充足准备的起点。开设毕业课程目的是帮助学生全方位、多角度，以一种动态归纳，个性展示的方式总结自己各方面的成长与收获，并以此展望美好的未来，放飞成长的梦想。

学校结合育人目标，在尊重学生个性、展示学校特色的基础上，根据学生发展的需要，开设了"课程学习""主题研究""个性发展""中学体验""知家乡、爱家乡""军训体验""微电影摄制"7个方面的课程；为学生奠定了"环境认知、课程学习、心理调适"等方面的基础；通过

毕业展示，探索学生的实际需要，从而寻找科学的管理方式，助力学生成长。

学校举办的一年一度的毕业展演，是毕业课程最让人感动与难以忘怀的场景。精美的舞台背景，精彩的节目演出，精心的场地布置，教师、家长、各级领导的参与都给学生们留下深刻的印象。

学校举办的毕业课程既是学生们六年学生生活的总结与回顾，又是对六年学生生活的检验，更是助力于雏鹰们在今后广阔天空中展翅翱翔的有力保障！

（三）游学课程拓宽学生视野

1. 研学旅行传承民族文化

实验二小永定分校秉承学校提出的"爱为源，人为本"的办学理念，为即将毕业的六年级学生开设了毕业课程。2016届毕业生是幸运的，他们是在学校搬入新址后完成六年学业的第一届学生，他们是与学校文化、理念、课改等多方面共同成长的一代，他们的成长充分体现了学校的育人成果。

在他们即将毕业时，学校结合北京市课程改革要求，对他们加强了中华传统文化教育。为了提升学生的综合实践能力，学校深化学生的毕业课程设计，加入了"研学旅行"。

2016年4月5—8日，104名学

生在教师、家长的陪同下，赴山东曲阜游学。此次研学旅行为期4天，整个课程由学生进行整体规划和设计，以此培养孩子们的统筹能力、收集资料能力、信息加工能力、组织能力、自我管理能力等，让孩子们不仅开阔了眼界也体验到了成功。

在整个研学过程之中，孩子们穿汉服、习礼仪、学太极、诵经典、游"三孔"、赏乐舞、拜先师、讲孝道，感受中华传统文化之博大；习书法、赏古画、抚古琴、书墨竹，感受古之书法绘画之美；学茶艺、悟礼敬之道、习六艺，体验前人之真善美。

4天的旅行培养了学生自我管理能力和团队精神；增进了师生间的情感交流；彰显了学校学生文化和首都学生风采。学校也通过活动积累了经验，为今后的研学活动做好准备。

2. 台湾地区游学让学生成为大写的人

为了加强两岸交流，开阔师生视野，增强与台湾地区友好校之间的交流互动，10月23—29日，实验二小永定分校30名师生组成艺术交流团赴台进行艺术交流活动。

第一天到新北市中山小学，那天新北市中山小学举行了盛大的舞狮欢迎仪式，安排了丰富的活动，两校举行结盟仪式，师生进行亲切交流互动，并进行才艺表演。

艺术交流团还登上了新北市艺术教育嘉年华活动的舞台，表演了京剧合唱《说唱脸谱》、京剧《卖水》、舞蹈《太平鼓》等，新北市市长观看了孩子们的演出。

同学们还参访了新北市有木小学和集美小学，按年级进班听课，体验台湾地区的课堂教学，学生们还与台湾地区的小朋友亲密交流，互留电子邮箱联系方式，建立长期合作联系。

不仅如此，孩子们还体验了难忘的活动。溯溪课程中，孩子们在湍急的小溪里逆流而上，经历五个小时互相帮助，纷纷克服重重困难终于到达终点。在DIY手工课程中，同学们亲手制作属于自己的刀叉、有趣的翻转板、恐龙笔插等，为双方的友谊增添了光彩。在艺术嘉年华活动中，孩子们亲身体验剪纸、手绘脸谱、绘画、纸扎等，进一步增进了两地学生间的友谊。

7天的行程每一天都满满的，早晨7时出门，晚上9时才回到宾馆。回宾馆后，同学们还聚在一起写日记，交流感受。台湾地区同胞的热情和礼貌感染着参访的每一位师生，同学们也变得更加文明有礼了。实验二小永定分校还热情邀请友好校的师生早日来京交流，增强互访，使友谊能够延续下去。

此次活动的开展，搭建了京台两地师生零距离互动学习的平台，不仅体验了多元的课程，开阔了师生眼界，而且加强了两岸学生的交流，使两岸师生在零距离交流中增进了友谊。

到台湾地区游学已经连续开展了3年，这样的课程对学生今后的发展起到了极大的推动作用。

四、提升类课程精彩纷呈

（一）课程践行办学理念

近年来，永定分校一直秉承"爱为源"的办学理念，关心、促进教师专业成长，支持教师的发展。

学校要求教师要爱岗敬业，真心呵护每一名学生，充分体现了"真爱"；要求学生要热爱学习、乐于助人、健康成长，充分体现"自尊自爱、互助互爱"；提出学校要通过与社会、家庭的沟通和交流，赢得社会的"反哺之爱"。"人为本"是学校要努力营造尊重人、关心人、支持人、成就人的人文精神环境，将教师和学生的发展放在首位，在学校管理及教书育人的各个环节，凸显学校以人为本、教师以生为本、学生以德为本；努力为教师成才搭建平台，为学生成长奠定基础，培养具有国际视野的大写的人。

（二）课程实现办学目标和育人目标

自2011年以后，学校围绕"爱为源，人为本"的办学理念，将学校的办学目标规定为，实现"求知进取"的学园、健康安全的乐园、美丽雅致的花园、温馨舒适的家园，最终成为北京市乃至全国名校；将学校的育人目标规定为：培养崇德善学、心态阳光、饶有特长、成长健康的社会主义建设者和接班人。

（三）培养措施体现办学理念

在学校办学理念、办学目标的引领下，基于小学阶段是"学生发展的起始阶段"的特点，实施了"近、小、细、实"的培养措施，目的是为学生终身发展奠基。

学校在小学毕业前，培养学生要初步掌握一门外语，培养1~2个体育特长，掌握1~2门乐器，写好三笔字，会背100首古诗。

要求学生要养成两个方面的10个好习惯。学习方面：养成倾听、质疑、合作、表达、阅读；生活方面：养成讲规则、讲礼貌、讲卫生、会节俭、会锻炼。

学校将这些措施细化到各年级，做到具体化、细致化，目的是增强可操作性和可达成性，促使课程改革有的放矢，取得明显实效。

（四）提升类课程让每个学生都绽放精彩

实验二小永定分校自成立以来，十分重视学生的创新教育和素质教育工作。为加强对学生的创新教育——素质教育，学校在教师中开展了解放思想大讨论；制定了校园文化养成教育活动方案；启动了培养教师的"翔云"计划；制定了切实可行的课程实施方案。

永定分校"育鹰"课程的宗旨是要培养具有鹰的品格，不畏艰险，不怕困难，有敏锐的嗅觉和观察力的学生。在落实三类课程目标时，学校十分关注学生所学知识在实践中的有效运用。学校在实践中不断地引发学生的内在学习兴趣，为学生适应未来多样化生活打下了良好的基础。学校的提升类课程主要关注学生的个性发展，提升学生更高层次的兴趣爱好。

学校为了培养学生的兴趣和爱好，开设了乒乓球、棒球、轮滑、篮球、武术、跳绳、跆拳道、象棋、围棋、太平鼓、古筝、舞蹈、街舞、葫芦丝、合唱团、京剧、小号、长笛、黑管、萨克斯、快板、播音主持、色粉画、国画、书法、布贴、泥塑、英语28门拓展类课程，同学们根据个人爱好可以任选一门或多门课程，以此培养自己的综合素质。

在实验二小永定分校，每个有特殊爱好和特长，并有发展前景的学生，只要个人有需求，学校都会为他的个人需求助力。

（五）助力学生特长发展

1. 培养校园里的小作家

范爱然，是实验二小永定分校一名普普通通的学生，自幼儿园起就走进了这所学校，是千名学生的缩影。范爱然同学想用自己的笔记录下自己在学校几年的学习与生活足迹，宋茂盛校长及时对范爱然的想法给予鼓励与支持，经过近一年的努力，她撰写的十多万字的《小脚印》由中国戏剧出版社正式出版发行！永定分校宋茂盛校长和台湾桃园内栅国小校长桂景星分别为这部作品作序。在2016年暑期结束后的开学典礼上，学校为她举行了隆重的新书发布会，她的书也正式在书店上架。这个小姑娘成为学校的小明星，她的书孩子们爱不释手，每个学生都能叫出她的名字。《小脚印》的出版激发了更多学生的梦想。

2. 小"才女"华佳欣

华佳欣是永定分校有名的一个小才女，她为人谦和热情，大家都愿意和她做朋友。她热爱读书，文笔好，她的文章《妈妈，我想对你说》发表在《京西时报》上。她热爱唱歌，参加了我校合唱团，在北京市艺术节合唱比赛中荣获金奖。

华佳欣最擅长的是跆拳道，学校开设了提升类课程后，增加了跆拳道课程，这为华佳欣同学插上了理想的翅膀，她在教练的指导下刻苦训练。由于她出色的成绩，曾多次在北京市传统学校跆拳道比赛

中荣获冠军。因此，同学们又送给华佳欣"运动健将"的称号。

3. 校园里举办的画展

陶木子，现为北京第二实验小学永定分校六年级（4）班学生。木子从小喜欢画画，从幼儿园时的简单涂鸦到后来的系统学习，一直没有放下手中的画笔。在校内与校外专业美术教师的指导下，学习了儿童画、水彩、素描、色彩、国画等基本技法，创作了许多有意思的作品，其中一部分获得了市、区级等各级机构的嘉奖。除此之外，课余时间木子还经常自学一些网络绘画，并跟随父母、老师进行户外写生，极大地提升了她的艺术见解与绘画技能。

看到木子这样喜欢绘画，学校决定为她举办个人画展。此次画展，包含了陶木子同学国画、水彩、丙烯、漫画等系列作品，小小的画展展现、见证了木子对于绘画的热爱与向往。

4. 小女孩的"舞蹈梦"

马子晨不但学习成绩优异，而且兴趣爱好也十分广泛。她从小喜欢戏剧、跳舞，上学后一直担任班里文艺委员。学校开设了舞蹈课，马子晨兴奋极了，她第一个报了名。每次上课她总是早早来到教室做好上课准备，下课了，马子晨久久舍不得离开教室。几年来，她参加市区舞蹈大赛并多次获得一等奖。

2015年7月，马子晨小学毕业，被北京市戏剧学校录取。

几年来，永定分校为了实现培养"崇德善学，饶有特长，身心健康且具有国际视野的大写的人"的目标，深入研究每门课程的价值和定位，并根据学生实际需要在拓展类和提升类课程中，设计了专业必修和个性选修课程，设置了长短课时，力图提高课程效益，把握课程本质，把课程做"实"。

五、课改促进学校整体办学水平提升

学校在课程改革实践中，紧紧围绕学校办学理念和育人目标，结合学校实际大胆探索，使学校各级各类课程建设稳步推进，课程建设成效也日益彰显。

（一）课程整体建设，推动办学特色更加鲜明

学校重视课程建设的整体性、开放性、创新性，积极引导教师大胆进行探索与实践，在课程建设中逐步实现了学校、教师、学生、家长等多方参与的良好局面；注重研究性学习、多元化评价的发展思路，有效调动了不同教育伙伴参与教育的积极性，形成了特色鲜明的办学思路。

（二）课程稳步实施彰显风格魅力

学校有效推进国家课程的拓展和延伸，将课程的主题、领域和范围合理拓宽，以适合学生的形式展现出来，实现了国家课程校本化，地方课程特色化，校本课程个性化的要求，为落实学校发展目标，实现育人目标奠定了基础，同时也为学校赢得了多方赞誉，被誉为百姓身边的魅力学校。

（三）学生教师专业发展

学生成为学校课程建设的最大受益者，他们对三类课程兴趣浓厚，三类课程也促进了学生个性发展，综合实践能力也有了很大程度的提高。课程建设激发了学生的潜能，他们在各级各类比赛中收获颇丰。

通过课改，教师的教学理念也发生了很多变化，他们积极探索学科教学的新模式，深度研究教材，充分挖掘资源，不断充实自我，以此满足学生对课程学习的需要；他们教学水平稳步提升，努力实现了生命价值与职业价值的统一。

第八章　永定地区的党团工会工作

第一节　党建工作

一、冯村学校党组织的发展经历

1978年8月，永定公社文教组改为永定学区，成立党支部，彭天长任党总支部书记，至此冯村学校党的关系从冯村党总支管理归为永定学区党总支管理。冯村学校党支部由书记闫洪元、组织委员刘秀荣、宣传委员王淑兰等6人组成。

1979年7月，门头沟教育局对永定学区机构进行改革，撤销永定学区，成立三个中心学校，即冯村中心学校、稻地中心学校、石门营中心小学。冯村学校改为冯村中心，学校党支部由永定公社党委会直接领导。冯村中心学校党支部还是由党支部书记闫洪元、组织委员刘秀荣、宣传委员王淑兰组成。

1981年9月20日，门头沟区教育局决定撤销永定冯村和稻地2个中心学校，三校合并为石门营中心小学董朝海任中心支部书记，同年10月冯村学校2个初一班，搬到石门营中学。

至此冯村中心学校改为冯村小学，党支部改为党小组，闫洪元任党小组长。当时学校有党员6名。

1983年6月，冯村小学改为永定中心小学，支部书记为董朝海。

二、加强党课学习

（一）听党课提高专业能力

2007年10月31日，在初冬时节，实验二小永定分校组织全体党员和积极分子聆听了门头沟区教育党校田俊晓主任的"提高专业能力，构建和谐校园"的讲座。

田俊晓主任以和谐、成功、分享为前奏，拉开了本节党课的序幕，然后就党员教师如何提高专业能力，如何构建和谐校园两个主题分别进行分析讲解。他强调了党员教师要做专业化的表率，要认清形势，参透教育现代化人才观和成长观，同时还提出了建设和谐校园中"人、事、物、景、情"的内涵所在，即"人是关键，事是核心，物是保障，景是窗口，情是基础"。并且还对如何构建和谐的人际关系提出了几条建议：对上级先尊重后磨合；对同事多理解多支持；对朋友善交际勤联络；对下属多帮助细聆听；向竞争对手露齿一笑。

此次党课，强化了学校全体党员和积极分子争做教育先锋模范的决心。

（二）举行创和谐氛围打造优秀团队大讨论

2008年12月5日，为了培养教师的团队精神，提高师德素养，学校以

"创和谐氛围，打造优秀团队"为主题，开展了大讨论活动。

12月11日、12日下午，学校教师分两部分进行讨论，大家主要围绕六个论题进行了探讨和交流。每次讨论活动都有将近3个小时，每位老师都主动发表了自己的看法和见解。在教师们的头脑思维不断碰撞和讨论中，大家明确了新时代对教师的师德要求。如：优秀青年教师屈坤鹏结合自身成长经历深入浅出地阐述了自己的观点，她说新时代教师最重要的不仅仅是知识的传授，还有育德和做人的教育；老教师刘国旺语重心长地谈了教师应具备的责任感和使命感。副校长唐凤菊针对"如何带上工作方案走进领导"作了典型发言。

活动最后，学校党支部书记施长生作总结、点评，施书记对教师的成长发展和努力方向提出了殷切的期望。他以两篇文章《怎样做领导喜欢、同事欢迎的好员工》《如何进行良好个人形象的训练》，将老师们的发言进行了升华，又从教师实际情况出发，针对如何提高教书育人能力谈了自己的看法。

本次大讨论活动加深了教师们对"高素质教职员工"内涵的理解和认识，大家纷纷表示将在今后的生活和工作中积极上进、奋力拼搏、重塑自我，决不辜负社会和家长对教师的信任。

（三）开学第一节党课

2009年9月28日，新学期开学第二天，学校党支部书记施长生为全体党团员上第一节党课，题目是"新时期如何发挥共产党员的先锋模范作用"。他在党课中讲道：今年是中华人民共和国成立60周年，60年来我们党经过艰苦奋斗，使我们国家在世界上成为一个强国。

在新的历史时期，如何充分发挥共产党员和团员的模范先锋作用，是摆在全体党团员面前的一个重要课题。他从五个方面论述了如何发挥党团员的先锋模范作用：要在增强为民意识，实践党的宗旨上发挥模范作用；

要在勤奋学习，提高能力上发挥榜样作用；要在维护团结，顾全大局上发挥先锋作用；要在加强业务工作，促进事业发展上发挥创新作用；要在提高道德修养，塑造人格上发挥楷模作用！

之后，学校校长宋茂盛又从四个方面对大家提出希望：希望全体党、团员教师能够做学习的模范，遵守规章制度的模范，课堂教学改革的模范，乐于助人团结协作的模范！

此次党课，从不同侧面对党、团员教师们进行了一次思想教育，进一步提高了每名党员、团员的思想认识，大家纷纷表示要坚决做到：爱岗敬业；甘于奉献；开拓创新；与祖国共奋进；为祖国的教育事业做出更大的贡献！

三、构建学习型党支部促学习型学校建设

2009年5月，在迎接伟大祖国60年华诞的日子里，学校党支部为保持党组织的先进性、创造力、凝聚力和战斗力，在新的教育形势下，坚持与时俱进，遵循学习与实践活动相结合的原则，开展了学习型党支部构建、促学习型学校建设工作。目的是激发全体党员和教师，踏着时代的节拍，迈着创新的步伐，在学习中升华人生理想，在实践活动中铸就新业绩，为创造门头沟教育品牌贡献力量。

（一）推动学习型学校建设

1. 明确学校办学理念，促进学校可持续发展

学校党支部遵循教委"整体规划、全面推进、突破重点、培育特色"的工作原则，在充分调研的基础上，明确提出学校的办学宗旨：聚精会神搞教育，一心一意谋发展；办学思想：全面贯彻党的教育方针，全面推进素质教育，以师生发展为本，为师生的发展创造条件，办人民满意的学校；办学目标：学生学会学习、学会生活、学会做人、学有特长，教师学会教书、学会育人、逐步走向成熟、成为专家，各项工作在

稳定中发展、在求实中创新，学校在全体干部教师的努力下成为市、区级名校。

清晰的办学宗旨、办学指导思想、办学目标，使干部、教师明确了努力的方向和工作的标准，明确了学校的发展方向，促进了学校可持续发展。

2. 引导学校形成学习工作文化

通过引导性学习，使干部、教师在学习过程中有适时适度的导向，有明确的目的，学习内容有较强的针对性。干部、教师将学习成果用于工作中，促进了学校管理。另外，党支部通过引导性学习，逐渐形成了全方位、立体化的学校工作文化。干部、教师在工作文化的引导下，认识到学校工作不仅仅是工作，也为个人成长提供了历练的平台；认识到一名新教师要想成长为成熟型教师乃至专家型教师，必须努力工作。

对于政治业务学习，党支部主要引导大家认识政治业务学习是人生必不可少的积累。高尚的道德情操，扎实的教学基本功，精湛的教学艺术是安身立命之本，是幸福人生的积淀，具备这些品质是需要学习的。对于个人发展，党支部引导大家认识到，要学会正确认识客观世界和自己，明白决定个人发展的是自己不是他人。在事业发展中，党支部引导大家认识到借他山之石可以攻玉，因此要团结协作，创设温馨和谐的工作氛围。对于管理，党支部引导大家认识到管理的核心是创设"不需扬鞭自奋蹄"的工作、学习氛围，它的最高境界是无为而治，这是主动性、创造性开展工作的重要前提条件。

学校党支部通过不断地组织多层次、多角度的引导性学习，使学校的办学理念深入到了每位教职员工的心里，并逐步内化为教职员工的工作信念。干部、教师对学校的发展愿景达成了共识，形成了合力，保证了学校工作顺畅、快速发展。2009年3月学校被认定为北京市首批"学习型学校"。

（二）拓宽学习领域

1. 用灵活多样的学习方法不断拓宽学习领域

学校党支部认为，要构建学习型党支部必须坚持理论联系实际，而且学习的内容要与时俱进。因此校党支部主动抓住教师继续教育的契机，制定了中长期干部、教师教育培训规划，并有计划地加强对干部、教职工的培训。

2. 加大干部教师的培训力度

加大干部教师的培训力度主要明确以下两个方面的培训内容。第一是将培训重点划分为以下系列：政治业务修养培训；校本课程教学模式培训；班主任基本功培训；教学基本功培训；干部培训；现代教学技术培训；"一带三"名师培养工程培训等。第二是拓宽培养渠道。党支部秉持他山之石可以攻玉的理念，让教师"走出去"学习。在支部的组织下，学校党员、干部、教师不断外出考察学习，使一大批青年骨干教师能够"走出去"，见世面、学理念，回来之后进行反思、交流、提升。

四、组织党员学习科学发展观

2009年6月29日，区委教育工委召开庆祝建党88周年纪念活动，号召全系统党员干部要认真学习和落实科学发展观。学校领导积极响应区委教工委的号召，制定落实计划和方案，引领全校教职工以科学发展观为指导，创造性地做好自己的本职工作。主要做法是：加强党建工作，让全校党员和教师充分认识科学发展观的内涵，以科学发展观引领自己，在学校工作中树立科学意识，开展好教育教学工作；加强学校党组织的凝聚力和战斗力，带领学校党员和教师为学校发展做贡献；加强干部队伍建设，促进工作健康发展，通过相互谈心、组织专题学习和培训、强化民主管理和民主监督，增强干部的民主意识和广大教职员工的主人翁精神；重视反腐倡廉建设，提高拒腐防变和服务教育改革发展的能力。

通过这些具体工作，提高了广大党员和教师的科学发展意识，为学校科学发展奠定了基础。

五、以校本培训促学习型学校建设

2001年以来，实验二小永定分校开展了以校本培训促学习型学校建设工作。主要从以下几方面入手。

（一）构筑美好愿景

实施管理思想引领。将"以人为本"作为现代管理核心，关注学生的发展，关注教师和干部的发展，形成共同的发展愿景。

1. *明确学校办学理念确立学校发展愿景*

2001年，学校新的领导班子成立后，遵循教委"整体规划、全面推进、突破重点、培育特色"的工作原则，在充分调研的基础上，明确提出"聚精会神搞教育，一心一意谋发展"为学校办学理念；全面贯彻党的教育方针，全面推进素质教育，以师生发展为本，为师生的发展创造条件，办人民满意学校为办学思想；教学生学会学习、学会生活、学会做人、学有特长，教师学会教书、学会育人、学会学习并成为专家为办学目标；学校各项工作在稳定中发展，在求实中创新，促进学校成为市、区级名校为工作思路；加大学习力度增强干部教师的文化底蕴，以加强德育工作创设温馨和谐、奋发向上的校风，以科研促教研全面提高教育教学质量，以加强校园环境建设陶冶师生的情操为工作格局；着眼于全面，着力于重点，确保强项，狠抓弱项为管理模式；以情感投入沟通人，人格魅力感染人，拉动内需激励人，执行制度约束人为工作要求。创造性地开展工作，提高品位意识，狠抓工作细节，拼搏进取，争创佳绩。

2. *加强引导性学习形成学校工作文化*

对于学校工作：要引导大家认识到学校工作为个人成长提供了历练的

平台，人生的成功源于工作中一点一滴的积淀。对于工作要求：引导大家认识到工作要求是一名新教师成长为成熟型教师乃至专家型教师必不可少的规范过程，规范是成熟的必由之路，是创新的基础。对于政治业务学习：引导大家认识到开展政治业务学习是人生必不可少的积累，高尚的道德情操，扎实的教学基本功，精湛的教学艺术是人生的安身立命之本，是幸福人生的积淀，这些都来源于学习。对于个人发展：要引导大家认识到要学会正确认识客观世界和自己，明白决定个人发展的是自己不是他人，明白在发展中可以借他山之石，可以创造条件，思路决定出路。对于团结协作、批评与自我批评：要引导大家认识到团结协作、开展批评与自我批评是创设温馨和谐的工作氛围的前提，温馨和谐的工作氛围有益身心，是生命鲜活的基石。对于管理：要引导大家认识到管理的核心是创设"不需扬鞭自奋蹄"的工作、学习氛围，它的最高境界是无为而治，这是主动性、创造性开展工作的重要前提条件，学校领导对于教师的管理是这样，教师对于学生的管理也是这样。

（二）细化校本培训

1. 学校积极开展校本培训

学校积极开展校本培训，一是定期举行研讨会和利用周三校务会时间进行全员集中培训；二是外请专家教授举行报告会，内聘本校骨干教师开展互动交流、学科研讨、组内练兵、演讲比赛、说课比赛、总结反思等。通过培训达成有关学校发展的共识，对创建学习型学校的共识，对教育观念的共识，对工作要求的共识等。学校开展这样的校本培训，吹响了教师和学校发展的号角，唤醒了教师们心灵深处对学习的渴望，触动了自我愿景的复苏，提升了对教育、对学校、对自己、对未来的认识，真正实现了将自己的发展与学校的发展联系起来。

2. 对教师应具备的十种能力开展培训

学校主要围绕教师应具备的十种能力开展校本培训。这十种能力分别是：理论储备能力，善于把精神融入学生心田的能力，课程开发能力，实施课程的调控能力，教学设计能力，用科研提升教学行为的能力，掌握信息技术的能力，不断反思教学实践的能力，外语交际能力，教学评价能力。

为加大培训力度，学校将校本培训重点分为以下系列：政治业务修养培训、校本英语课堂教学模式培训、班主任基本功培训、教学基本功培训、干部培训、现代教学技术培训、"一带三名师培养工程"培训等。

2001年以来，学校以"迎接挑战、共创辉煌"为主题，开展了打造英语特色的校本培训，先后聘请了8位市区级专家来校对教师开展英语教学培训，培训的项目有能动英语表音密码和宏观框架等。除此之外，学校还进行了"校本课程的开发与应用、小学数学课堂教学、小学语文课堂教学、语文数学课堂教学研究、教师心理培训、提高专业能力构建和谐校园"等专题培训。

丰富的学习报告内容，使教师们从中感受到学习型学校创建的必要性，充分认识到提高自己，发展自己的紧迫感，明确了学习的重要意义，激发了教师学习的欲望和热情。

（三）多元化学习取向

1. 向合作伙伴学习

第一，领导与教师间的学习。通过定期反思、真诚对话的形式，实现学习促管理，管理促学习的良性互动。

第二，教师与教师间的学习。通过教学反思、课例交流、个案分析、研讨课、示范课、教学大赛等，实现教师间横向交流，思维碰撞，智慧再生，资源共享。

第三，教师与学生间的学习。在课堂教学中，以关注每一个学生为出发点，以"精心设计、精心施工"为宗旨，以课堂教学"精彩高效"为目标，使师生间实现"互动+体验"的学习氛围；在课下构建多种形式的师生沟通平台，广开师生间沟通渠道，促进师生间的真诚交流，让每位教师都感受到工作的快乐。

第四，教师与家长之间的学习。利用家长教师协会的契机，通过每学期举办两次家教活动，分年级举办家长论坛，开设班主任信箱等多种形式，实现教师、家长、学校教育一体化，促进教师与家长间的相互学习与工作的有效沟通。

第五，向外界协作体学习。学校自2006年3月9日成为实验二小分校以来，通过互通交流，派往实验二小本校学习交流的教师近三百人次，在交流合作中不断汲取新养分。在实验二小"双主体育人"模式的影响下，不断更新理念。

2. 向书本学习

通过开展"同读一本书 你我共成长"活动，举办读书沙龙和读书交流会，举办"向大家推荐一本好书"等系列读书活动，使校园里充溢着浓厚的读书氛围。干部教师先后共读了李烈校长撰写的《给生命涂上爱的底色》《英才是怎样造就的》《细节决定成败》《多元互助 同伴研修》等书籍，受到了很大启发。此外在教委开展的"书香校园"活动中，学校以完小为单位开展了读书交流活动，也取得了实效。

3. 向网络学习

现代网络，缩短了人与人之间的时空。利用网络平台，可及时获取最新的信息，能达到高效快捷的学习效果。学校给每两位教师配备一台笔记本电脑，每个教学班都安装了多媒体，教师们不但可以用来进行多媒体教学、上互联网，还可以随时在网络平台上进行学习交流。

4．"走出去"学习

拓宽培养渠道、建立新型培训模式是当前学习模式的又一层次的探索。为此学校积极组织干部教师外出考察学习，使一大批青年骨干教师能够"走出去"，见世面、学理念，回来之后进行反思、交流、提升。

5．自己学习

向自己学习的有效方式是反思。反思是一种能动的、审慎的认识加工过程，是对个体观念行为的再加工。教师通过对自己的教育教学实践不断反思，找出问题和差距，促进自我发展。

学校根据教师心理及行为，进行有针对性的集体学习、集体讨论和问卷调查及大讨论活动，更加增强了他们学习的信心。

（四）以校为本强化培训

以校为本的教研活动，是以课程实施的过程中教师所面临的各种问题为对象，以教师为研究的主体，其研究的目的在于优化教师的教学行为，促进教师和学生的发展。教师在工作中遇到的问题、教育对象、实践环境等都是教师熟知的，因此，最能吸引教师群体参与这些研究活动。所以，学校着力推行校本教研，激发教师群体参与活动的热情，努力营造让每个教师想法公开、实现自由交流的共享文化，促进团队学习研究氛围的形成。

1．成立校本教研团体开展校本教研

学校按照实施方案，成立了教育质量管理委员会、校本课程开发委员会、校本教师培训委员会、家长教师协会等校级学术团体，各委员会实行定期例会制度，以"深度会谈"的形式开展活动。

2．针对课堂教学构建学习研究体系

针对课堂教学，学校从三方面构建了学习研究体系。一是从理论层面构建了自主学习、专家讨论、团队交流、资源共享学习研究体系。二是从实践层面开设了骨干教师"引领课"、同行伙伴"互助课"、年轻教师"汇报课"、课程改革"研讨课"、随机检查"抽签课"、集体调研"会诊课"、问题教师"跟踪课"七种课型。三是从交流层面开展以下工作，解决交流中产生的问题：第一，组织教研组、备课小组研讨活动；第二，开展教师论坛，撰写典型课例、进行教学反思；第三，召开阶段研究汇报会，进行课题研究成果展示；第四，创建"班主任沙龙"，每月末开展活动，研讨交流班主任工作中遇到的问题，寻求解决的对策。

3. 制定各种制度保证活动质量

实行学科教研组长负责制，制定公开课、录像跟踪课、集体备课制度，撰写课后教学反思、案例分析、教学论文，定期进行工作反思、家长开放日、教学展示日等活动，保证教研活动质量。

4. 开展校本研究实践

开展以"发现问题—提出问题—组织团队—学习准备—交流研讨—设计方案—行动实施—总结反思"为模式的校本研究实践活动，促进教师工作学习化，学习工作化，让每位教师都切实感受到生命的真正意义，体悟到学习是劳动和创造的新形势。

（五）创建学习型学校

学校在实践中不断探索和反思，使校本教师培训进一步走向系列化、规范化，成为教师走进学习生活常规、走进新的教育教学理念、走进美好愿景的引领者。

总之，通过学习型学校的创建和校本培训方式方法的探索，促进了教师对学习的关注和对学习力的重视，提高了教师对自身发展的认识、对学校发展的关心。为教师创建了更加关爱学生，更懂得反思自己，更加关注多样化的交流与实践的良好氛围。

六、亮党员身份，为党旗增辉

2011年11月17日，学校党支部举行"亮党员身份，为党旗增辉"先锋岗活动启动仪式。党支部委员杜春菊、王立功分别宣读了党员先锋岗活动实施方案和党员先锋岗设岗情况；党支部为党员颁发了先锋岗标识；一线党员教师艾艳红、刘海英、陈蕊、张娟、安剑锋代表党小组承诺；党支部书记施长生讲解了开展"党员先锋岗"活动的重要意义，提出要加强领导，明确责任，切实把"党员先锋岗"创建活动落到实处的要求。

教工委组织部、宣传部相关人员应邀参加了此次活动。教委组织部领导表示，学校党组织建设是一个重大工程，党支部要以"创新争优"为载体，在活动中增强内部凝聚力，发挥先锋堡垒的作用。他对学校敢于让党员亮出身份，接受群众监督的举措表示肯定，并希望每位党员教师要在工作中，充分体现先进性，发挥模范作用，要把党员"五带头"，党支部争"五好"工作落到实处。

学校开展"党员先锋岗"活动，是2008年9月开展党员"争星夺旗"活动的延续，是巩固创先争优教育活动的需要。

启动仪式后，各党小组认真研究校园内的岗位需求，本着更好地为师生服务的原则，合理设置先锋岗位，明确职责内容和工作程序，形成一个层层负责、职责明确的工作网络，为学生的健康成长保驾护航！

七、聘请行风评议监督员

2011年6月，学校召开聘任行风评议监督员会议。永定镇文教办主任王金湘，文教专干王芳，冯村家园社区居委会、信园小区居委会领导及北岭北区村委会、北岭南区村委会、万佛堂村委会、阳园坡元村委家长代表和学校领导参加了会议。学校聘请行风评议监督员，旨在加强社会各界对学校工作的监督和指导，提高各个领域的监督员及家长参与学校管理的积极性。通过开展民主评议行风工作，进一步增强教师的使命感、责任感，不断提高教学方法、工作效率，促进学校、师生的发展，为进一步加强学校行风建设，提高学校办学水平奠定坚实的基础。

校领导向与会的领导、家长代表介绍了学校的办学规模、办学思想及近几年所取得的成绩；宣读了《关于聘任北京第二实验小学永定分校行风评议监督员的决议》，并向10位监督员颁发聘书。监督员们认真学习了《行风评议监督员职责》，并表示一定深入学校、家庭、社会中了解情况，并做到及时反馈，主动配合学校解决教育工作中存在的问题。

第二节　团支部开展主题教育活动

一、开展承诺活动

2009年9月20日，为认真领会和落实温家宝到三十五中调研时的讲话精神，增强教师团组织的凝聚力和影响力，努力提高青年教师的事业心、责任感，以实际行动向国庆60周年献礼，学校教工团支部开展"爱心铸师魂　青春献祖国"主题教育暨承诺活动。此项活动分为五个系列：开展"我和祖国心连心"活动，组织团员教师相互赠送明信片，以此形式传递对祖国的祝福，传递同志间的关爱之情，传递对同志们的祝福；开展"高举团旗跟党走"活动，号召每位团员教师向党组织递交入党申请书，表达对党、对教育事业、对祖国的忠诚；开展"争当青年新秀"活动，在教师中开展读书交流活动，并学以致用，力争做学者型教师，为教育事业发展发挥更大的作用，为祖国创造更大的价值；开展"履行承诺"活动；在团员教师中推行"团员承诺制"，在喜迎祖国60华诞之际，向祖国许下承诺，以实际行动为祖国做贡献；举办"奉献爱心"构建和谐校园活动，号召每位团员教师帮扶一位优困生，倡导青年教师胸怀祖国、服务学生。

团支部以开展上述活动为抓手，引导和激励青年教师树立良好精神风貌，爱岗敬业，甘于奉献，开拓创新，与祖国共奋进，与时代同发展，为祖国的教育事业做贡献。

二、制定创建区级文明示范单位工作方案

2011年9月,团支部根据区精神文明建设委员会《关于开展文明示范单位活动的实施意见》的具体工作要求。为创建工作与学校的实际发展相结合,调动全体教工团员积极性,切实开展好学校的文明示范单位创建工作,为此学校制定了《创建区级文明示范单位方案》。

学校党支部非常重视这项工作,成立了以宋茂盛校长为组长、施长生书记为副组长的创建工作领导小组。在《创建区级文明示范单位方案》中,对本次活动的指导思想、创建目标、工作细则、具体措施等方面都做了详细的部署,使每位团员在工作中都能努力发挥团员的带头作用,为推动学校精神文明建设做出贡献!

第三节　对青年教师后备力量的培养

一、干部挂职锻炼

领导班子队伍建设非常重要,学校特别重视后备干部队伍建设,组织了干部挂职锻炼工作。

2007年9月,学校制定了《后备干部挂职锻炼方案》,10月组织了干部挂职竞聘述职演讲。经过考核小组综合考评后,有10名后备干部进入了为期一年的挂职锻炼培养阶段。第一批安排了3名后备干部,第二批安排了7名。

2009年10月21日,学校召开第一批后备干部挂职锻炼述职汇报及第

二批后备干部挂职锻炼竞聘演讲会。区教委组织部、区教师进修学校、教育党校等单位的领导参加会议。

会上，2008年10月开始挂职的3名后备干部汇报了自己挂职一年的经历和和体会；7名即将走上挂职岗位的干部和教师进行了竞聘演讲，准备开始挂职锻炼。有关领导对3名结束挂职的干部，按照优秀、称职、不称职三个标准进行了民主测评。

学校党支部书记就3名后备干部结束挂职锻炼工作进行了总结，对7名即将走向挂职锻炼岗位的后备干部提出了希望。区教师进修学校领导对此项工作进行了点评。

经过培养与锻炼，王春丽、杨帆、张华、谭青秀、宋玉玲等优秀青年教师先后走上了学校管理岗位，成为学校建设和发展中的坚实力量。

二、采取4种措施培养干部

2011年9月以来，学校采取4种方式加强了对干部的培养。一是加大学习力度，利用中心组学习时间组织干部进行学习研讨；在适当的时候组织外出考察交流，学习兄弟区县学校干部的工作作风。二是加强能力培养，通过主持行政会、组织有关活动，培养组织能力；通过组织干部听专家评课；集中听课，集中评课，培养评课能力；通过大胆放手使用，培养锻炼独当一面的能力。三是通过民主测评为每个干部认真写出评语，指出优缺点，使干部及时了解个人优缺点，促进其尽快成长。四是继续进行挂职锻炼，培养干部，2006年以来共培养了6位校级干部。

三、按照教工委要求培养干部

按照教工委关于干部队伍建设要求，加强干部队伍建设。一是加强管理文化建设，打造责任、规范、高效、民主四个方面的干部管理文化，全面提升干部队伍素质。二是做好干部的学习与培训，提升专业素养和管理能力。开学初帮助每位干部梳理重点工作，提高工作效率，增强工作执行力。要求每位干部结合自身工作实际和学校干部管理文化，提出对课程的思考和本部门落实课程的努力方向。三是组织干部赴深圳、山东、福建等地学习考察，干部考察后将学习成果与大家分享。

同时，完成了学校内部机构改革任务，打破了原有的机构设置，成立了学生发展中心、服务中心，教科室、办公室的两室两中心的新型管理格局，转变了工作职能，使各部门工作定位更加准确。按照教工委要求，顺利完成了干部竞聘上岗工作。经过制定方案、动员、报名、竞聘演讲、答辩、民主测评、公示等环节，公开选拔新的领导班子成员。22位干部教师参加岗位竞聘，竞聘人员积极准备，抱着锻炼自己、服务学校的理念，认真阐述各自的工作成绩、管理设想，供评审组评判。

四、加强干部队伍作风建设

自2006年开始，坚持每周干部例会制度，学习政治理论、政策法规，研究工作。同时要求领导干部带头遵守规章制度，依法治校、依法治教。并在此基础上，学会与上级沟通、与同事沟通、与师生和家长沟通，树立自身优质形象，坚持人性化管理，提倡尊重、信任、理解、宽容、赞赏、激励、参与、引导和沟通的管理品质。在教师中提倡遇事换位思考、心胸宽广大度，尽量满足教师合理要求。对教师实施人性化管理，积极努力开动脑筋，发挥各自优势，使学校形成干部管理的窗口品牌。

第四节　工会工作

一、工会建家

2006—2012年以来，北京第二实验小学永定分校努力做好工会组织的基层建设工作，把工会组织建成"温馨、民主、学习型"家庭。

(一) 对创建职工之家的认识

学校在改革发展和市场经济体制不断深化时期，积极组织职工学习领会上级工会关于建职工之家工作文件精神，提高对创建高标准模范教职工之家的认识。使职工认识到创建高标准模范教职工之家是做好基层工会建设的基础，是全面促进学校教育教学工作有效开展的平台，是为教职工排忧解难，办实事的落脚点。

(二) 创建职工活动之家

及时掌握教职工思想动态和工作生活情况，维护教职工合法权益，为教职工排忧解难。2006—2012年每年春节期间，学校党政工团都要走访困难职工家庭。2006年学校有位新调入学校不久的教师不幸得了白血病，学校工会送去慰问金，并出面帮助办理住院手续。之后学校工会发动全体教职工为她捐款2.9万元，并为她争取到慈善协会2万元的慰问金。

在建家活动中，学校工会十分关注教职工生活，积极向学校党支部反映教职工的要求，为学校每位教职工购买了人身平安和财产保险。教职工有"婚、丧、病"，都要带礼金慰问。在创建活动中，为教职工创造和谐温馨的学习生活氛围，利用现有资源创办了工会活动室、阅览室，教职工们在那里可以读书、看报、下棋、练习书画；在学校体育馆组织职工开展体育活动。在职工生日时，为职工送去长寿面和祝福短信。

（三）职工民主之家

学校工会执行教职工代表大会制度，积极落实学校民主管理。自2006年以来，学校工会每学期召开一次教职工代表大会，商议学校重大事项、管理制度、发展规划目标、工资奖金分配办法等。

在召开教职工代表大会之前，工会小组要提前组织会员征集提案，通过提案反映个人的意见，行使民主权利。工会组织努力做到坚持抓好理论学习，坚持执行工会各项制度，坚持群众对工会工作的监督。

（四）学习型工会之家

自2006年以来，学校工会积极开展引导性学习，将学校办学理念、发展愿景内化为干部、教师、职工的工作信念，形成学校工作文化。学校工会组织的学习内容有较强的针对性和导向性，并重视理论联系实际和与评价相结合。

通过学习，引导大家认识到学校工作是为个人成长提供历练的平台；引导大家认识到学校提出的工作要求，是一名新教师成长为成熟型教师乃至专家型教师必不可少的规范；引导大家认识到政治业务学习可以提高自己高尚的道德情操、扎实的教学基本功、精湛的教学艺术；引导大家认识到要学会正确认识客观世界和自己，明白决定个人发展的是自己不是他人；引导大家认识到团结协作、开展批评与自我批评是创设温馨和谐的工作氛围的前提；引导大家认识到管理的核心是创设"不需扬鞭自奋蹄"的工作、学习氛围。

二、丰富多彩的工会活动

为提高会员综合素质丰富教师生活，工会定期组织不同形式的工会活动。

（一）民主生活会增添祥和氛围

2007年1月放寒假前夕，永定分校分别召开主题为"和谐，成功，分享"的教师民主生活会和干部民主生活会。在教师民主生活会上，大家畅所欲言，总结了自己一年来的工作成绩，指出了自己身上存在的不足。陈芳、安海霞、刘爱华、陈建超等老师为了学校的工作牺牲了给孩子喂奶的时间；尚立波老师流着眼泪说在自己最困难的时候感受到了来自周围老师的帮助和温暖；王岩梅老师幽默地说自己是块砖，哪里需要哪里搬。在干部民主生活会上，大家也是踊跃发言。施长生书记从管理者自律和管理需要思想两方面谈了自己的经验；唐凤菊副校长从细节成就完美、细节创造艺术和细节决定成败三个方面总结了自己的治校智慧；杜海燕主任用抒情式的语言汇报了自己的思想和成长历程；张辉主任从以和谐求发展、以学习求发展、以务实求发展和以特色求发展四个方面谈了自己的德育工作思路；董艳丽主任从建章立制的角度谈了自己管理幼儿园的做法；孟昭月主任从只有想得细才能做得细，谈到了学校的安全问题；史文华主任从人性的角度谈到了男老师当班主任的做法；王健主任重点谈了开展古诗文诵读建设学校文化的治校经验。最后，马留芬校长对民主生活会进行了总结，她说每个人的发言基本上扣住了重点，从不同的角度谈到了自己独特的理念和方法，对别人起到了抛砖引玉的作用。

（二）"卡拉OK"比赛送来欢乐生活

2008年1月23日，学校组织全体教职工开展"教师健康工程"系列活动暨卡拉OK比赛，比赛分年级组赛和个人赛。先进行年级组比赛，后进行个人赛，参加比赛的选手认真演唱，把自己最优秀的一面展现给了全体教职工，这项活动促进了学校的和谐和稳定，为学校今后工作再创新高奠定了牢固的群众基础。

（三）加强学习同伴互助共成长

一是向合作伙伴学习。要求领导与教师间，教师与教师间，教师与学生间，教师与家长之间相互学习，使工作更有实效。二是向书本学习。开展"同读一本书"活动，举办"你我共成长"读书研讨会、"读书沙龙""读书交流会""向大家推荐一本好书"等系列活动，提高学习效果。三是采取"走出去"请进来的方式开展学习。学校工会积极组织干部教师外出考察学习，使一大批青年骨干教师能够"走出去"，见世面、学理念，回来之后进行反思、交流、提升。向自己学习，学习后进行反思，通过反思提高教育教学技能，同时邀请专家到校举办讲座，了解理论发展前沿，学习先进理念。四是向网络学习。通过网络平台及时获取最新的信息。

2009年9月15日，学校开通了校园网，包含校园动态、教育教学、党团工会、通知公告等方面内容，既方便又快捷地使每位教师准确得知学校信息。仅2010年一年，校园网络总访问量就达到了85000多次，浏览量达到212000多次，日均访问量46人次。

（四）开展学习型组织创建活动

自2006—2012年，通过开展创建学习型组织活动，使学校涌现出一大批学习型教职工，一大批教职工成为技术能手，业务骨干。学校教师安海霞、高精华代表门头沟区参加北京市教师基本功比赛，分别获市级二、三等奖。

自2006—2012年工会开展学习型组织创建工作以来，坚持以"三个代表"重要思想和科学发展观为指导，围绕党政工的中心任务，服从和服务于学校改革发展稳定大局，将学习与学校工作相结合、与课程改革相结合、与提高教师素质相结合，促进了学校工作的有效开展。

（五）举行教职工太极拳比赛活动

2007年10月24日，学校举行教职工太极拳比赛活动。这次活动的主题是"喜迎奥运、强身健体、展现自我、再创新高"。全中心234名教职员工参加了本次比赛。在本次活动中，大家平心静气、细心认真，一招一式都较好地体现出了太极拳这种古老体育活动的魅力，也很好地展示了"相互理解、友谊、团结和公平竞争及更快、更高、更强的奥林匹克精神"。广大教师表示，要通过这次比赛活动，在全校掀起一个自觉健身的热潮。

（六）组织交谊舞培训

2007年1月，正值寒假期间，学校领导邀请门头沟舞协副主席高国龙等7位老师来学校附属幼儿园，教授教师交谊舞华尔兹和伦巴，全园将近60人参加了本次活动。在活动之前，校长马留芬说：作为教师的我们工作累、压力大，再加上平时没有时间锻炼身体，因此普遍处于亚健康状态。开展这样的活动，目的是借助这样一个平台，打造教师健康体魄。我们希望通过这样的活动，为大家提供一个健康的身体和一个阳光的心态。这次活动的开展标志着学校"教师健康工程"的正式启动。

（七）开展拓展训练

2007年7月15日，学校组织教师到雁翅素质拓展基地开展教师拓展培训。在拓展培训中，教师们开展了过高空桥、信任背摔、过电网、过独木桥等一系列训练内容。通过训练，培养了教师间的团结合作意识和勇敢顽强的精神。教师们普遍反

映，开展这样的培训，使彼此间的关系更融洽了。

(八) 举办教师、学生、家长联谊活动

2007年12月15日，为迎接2008年奥运会，永定分校在圣诞节之际，举办了以"喜迎奥运 欢度圣诞"为主题的联谊活动。活动内容有家长英语单词比赛、教师英语短句阅读比赛、学生英语短文阅读比赛、歌舞表演等。教师、学生、家长其乐融融，相互赠送礼物与祝福的话语，共同分享着圣诞节带来的快乐。此次活动，不仅为学生搭建了一个展示才艺的大舞台，而且也激发了他们勤奋好学的激情。

(九) 召开退休教师新年茶话会

2008年1月放寒假前夕，学校召开退休教师新年茶话会。党支部书记施长生代表学校向全体退休教师表示亲切慰问，感谢老教师们近年来对学校工作的关心和支持。校长向老教师们汇报了学校一年来在教育教学方面所取得的成绩，并希望他们继续为学校的发展献计献策。退休教师代表杨崇信在发言中对学校取得的成绩给予了很高的评价，并对学校未来的发展前景充满了信心。最后学校领导和老教师共同举杯迎新春。整个会场上洋溢着一派喜庆祥和的氛围。

(十) 看望困难教职工

王老师患白血病，给家庭经济造成很大困难，学校组织全体教师为其捐款，学校工会也为其提供了力所能及的经济帮助。2001年11月2日，教工委领导和学校领导一起到王老师家中慰问她，并给她送去了教师和学校工会捐款。

(十一) 教育工会在永定分校举办闪光故事大赛决赛

2013年10月4日，区教育工会在学校举办闪光故事大赛，大赛的宗旨是通过本单位教师讲述本单位教职工的先进事迹，宣传门头沟的教育发展和进步，展现门头沟教师的风采。学校教师杜海燕在决赛中声情并茂地讲述了本单位职工的先进事迹，赢得了参赛选手和观众的一阵阵热烈掌声，最后取得了本届比赛第一名的好成绩，为学校争了光。

第九章 永定地区的学前教育

1998年2月，根据地区发展的需要，永定中心小学白手起家，创办了永定中心小学附属幼儿园，这是门头沟首家农村校办幼儿园。当时，学校腾出一间平房教室作为幼儿教室，招收20多名3~6岁的幼儿入园组成了一个班。

1999年5月31日，北京市副市长林文漪、市教委主任陶春晖来到永定中心小学幼儿园视察工作。林文漪副市长充分肯定"小幼衔接办学思想"，表示永定中心小学的经验要想全市推广。

应永定地区广大家长的需求，幼儿园招收孩子的不断增多，班级数逐步增加到六个，小班、中班、大班各两个。随着永定中心小学幼儿园不断扩大，区教委加大了投入，办园条件不断改善

2006年永定中心小学挂牌为北京第二实验小学永定分校，永定中心小学附属幼儿园也正式更名为实验二小永定分校附属幼儿园。同年，因建筑用地，幼儿园搬入现址即永定镇冯村居民住宅楼底商，自此，实验二小永定分校附属幼儿园开启了新的篇章。

第一节　永定中心小学幼儿园新址剪彩

2006年9月8日，幼儿园举行新址剪彩仪式。教委主任陈国才，永定镇政府有关领导，镇属各村、各企业领导50余人出席了剪彩仪式。永定中心小学（永定分校）幼儿园从建园开始，就把营造安全、健康、愉快的幼儿成长环境，促进幼儿健康发展作为工作目标。为了达到这个目标，幼儿园在教委和镇政府的大力支持下，不断加大资金投入，使幼儿园的硬件设施不断完善；与此同时，学校不断加大对幼儿教师的培训力度，使幼儿教师的保教水平不断提升，为幼儿园的整体发展奠定了基础。

幼儿园本次所迁新址，是经过永定镇政府精心研究后确定的，新园中无论是幼儿活动场所还是各项设备条件，与原来相比都有了较大程度的改善。新园址为幼儿创造了一个更为理想的成长环境。区教委副主任何渊代表教委党委和教工委在仪式上讲话，他说，门头沟区教育发展的一个重要任务就是要做好教育的两个延伸：一是向高等教育的延伸，二是向幼儿教育的延伸。永定中心小学附属幼儿园办园条件的不断改善，保教质量的不断提高，教师队伍建设力度的不断加大、素质的不断提升，为我们做好第二个教育延伸积累了一定的经验。永定分校领导和幼儿园教职工及入园幼儿300余人参加了剪彩仪式。

第二节 多彩活动促幼儿快乐成长

一、专家组视导

2004年10月20日，市教委组织幼儿专家组到永定中心小学幼儿园进行视导检查，专家组从管理、保教、教科研等方面对永定中心幼儿园进行了详细的视导，对该校幼儿园结合农村实际所开展的各项活动给予肯定。指出永定中心小学附属幼儿园的各项工作能从幼儿的发展、农村幼儿园实际、幼儿教师的发展出发，深入贯彻《幼儿园教育指导纲要》精神，积极进行教育教学改革，促进了幼儿和教师的成长。幼儿园的孩子们表现出来的热情、活泼、健康、乐群，很好地证明了作为一所农村中心幼儿园的工作很扎实。另外，专家也强调了幼儿教育要结合幼儿园语言和体育特色进行教育，促进幼儿园更好的发展。区教育局主管幼儿教育的领导陪同检查。

二、健康快乐迎奥运

2006年4月30日上午，永定分校幼儿园与区武警中队共同携手开展了"健康快乐迎奥运"——幼儿队列汇操比赛活动。活动中小朋友们进行了队列、徒手操、健身操的表演，武警战士们为近600名孩子、家长们进行了标准的队列、军姿训练等项目的精彩展示。此次活动是幼儿园开展"童心盼奥运，学做健康文明北京人"宣传教育系列活动之一，目的是将社会教育资源引进幼儿园，充分利用社会教育资源，激发幼儿喜迎奥运主动参与体育活动的兴趣。

与此同时，幼儿园通过组织不同年龄班的奥运知识宣传、福娃动画片的欣赏、奥运福娃诞生的故事、画福娃等多种形式的活动，让生活在农村的孩子们了解了更多的奥运知识，增长了见识。通过这样的活动，为转变农村幼儿家长的教育观念，为农村幼儿健康快乐的成长共同营造了良好教育环境；为新农村的学前教育发展迈出了前进的一步。

三、区领导"六一"儿童节慰问

2011年6月1日，区委领导来到北京第二实验小学永定分校附属幼儿园慰问小朋友，并向小朋友赠送节日礼物。区领导在讲话中向小朋友致以节日的祝贺，并希望幼儿园的小朋友们快乐健康成长，希望教师们努力钻研业务，提高思想素质，努力工作，教书育人。

四、加强专家引领，促教师能力提升

2014年12月15日，在实验二小永定分校附属幼儿园组织开展了"门头沟区学前骨干教师观摩研讨活动"，特邀西城区教研员付雁老师做现场指导。全区市、区级骨干教师及幼儿园的干部和教师30余人参加活动。

活动中，园长张一兵向大家介绍了幼儿园的办园规模、教育理念、办园思路和特色课程等基本情况。随后教师们观摩了小四班骨干教师王超老师组织的半日活动。观摩之后，专家、骨干教师和园所老师面对面地进行交流研讨，付雁老师为大家解答了"区域游戏中教师的指导策略""语言

活动中如何为幼儿提供更多表达的机会"等问题。结合半日活动，付雁老师提示大家在组织活动的过程中要注意优化时间环节，充分相信幼儿，为幼儿提供更加自发、自由、自主的空间。

此次研讨活动，打开了教师们的工作思路，更新了老师的教育观念，有针对性地解决了各项环节中存在的问题，给教师带来很大的启迪和帮助，为幼儿园的工作注入了新的动力。

五、重阳到光荣院，表达感恩情

2015年10月，在重阳节来临之际，北京第二实验小学永定分校附属幼儿园大班的孩子们在教师们的带领下，来到门头沟区光荣院，为爷爷奶奶献上他们的爱心。

孩子们准备了古诗颂读、情境表演、诗歌朗诵等节目，观看节目的爷爷奶奶不停地拍手叫好。孩子们表演的红歌《红星闪闪》激情万丈、振奋人心，爷爷奶奶情不自禁地与之呼应，现场中老人与孩子们共享重阳之乐，最后活动在手语《感恩的心》中走向了尾声。

在休息时，孩子们为老人剥开了带来的橘子，寓意"吉祥如意"，爷爷奶奶们吃在嘴里，甜在心里。此时陪着爷爷奶奶们聊天的孩子们对爷爷奶奶胸前亮闪闪的军功章产生了兴趣，好奇地请爷爷奶奶讲有关军功章的故事。爷爷奶奶激情澎湃地给孩子们讲述了战火硝烟年代的故事，孩子们听得全神贯注，还时不时地问这问那。时间是短暂的，情意是无限的，只有留下难忘的瞬间才是永恒的，活动在老少合影中结束。

重阳节的意义重在尊老、敬老、爱老。幼儿园以这次节日活动为契机，通过形式多样的系列内容向孩子们传递"爱"的主题，教育他们从小懂得爱的同时，学会以自己独特的方式回馈爱，使爱的种子在他们幼小的心灵中生根发芽。

六、快乐成长，放飞梦想

在2016年"六一"国际儿童节来临之际，实验二小永定分校附属幼儿园的家长教师协会和老师们共同为孩子们设计了一场主题为"快乐成长 放飞梦想"的节日庆祝活动，让孩子们这个"六一"过得愉快而难忘。活动中，幼儿们大展才艺，他们戴着精美的头饰，穿着光鲜亮丽的演出服，跟着音乐有节奏唱歌、跳舞，大胆自信地表现着自己。小班小朋友扮演的"小蚂蚁"角色惟妙惟肖，扭动屁股，伸伸触角，稚嫩的声音，乐翻全场；中班小朋友的歌曲串烧简直是一场穿越，随着"兰花草""捉泥鳅"的歌声，家长被带回到了20世纪70年代，回到了自己的童年时代。接着家长们又伴随着武术操的音乐体验了一把穿越带来的节日。大班小朋友即将毕业，他们创编的诗朗诵"小雨点"，声音抑扬顿挫，娓娓动听。最后是孩子们最期待的环节，那就是家长们在心形彩纸上写下对孩子们节日的祝福语。家长们怀抱幼儿，说着自己的祝福，温馨的情境令人感动。活动伴随着孩子们的笑声圆满结束。

此次活动以"快乐成长放飞梦想"为主题，为孩子们搭建了展示自信的舞台，提高了他们感受美、欣赏美、表现美的能力。同时也为家园

关系注入了新的活力,提高了家园互动质量,体现了家园合力共促幼儿成长的教育目的,更使孩子们度过了一个难忘快乐的节日。

七、开展肥胖幼儿健康指导工作

(一)举办肥胖儿童干预讲座

2010年10月25日,实验二小永定分校附属幼儿园为加强对幼儿园肥胖儿童的干预工作,举办了一次健康讲座。主讲人是幼儿园保健医石建佳。她讲解了如何按照幼儿年龄和体质的不同,为幼儿操办饮食;如何利用户外活动来干预幼儿肥胖;如何预防幼儿营养过剩等,同时讲了家长应该如何干预已经产生肥胖的幼儿。她的讲座形象有趣,给家长们留下了深刻印象。幼儿园领导表示,希望通过家园的共同努力,让幼儿养成良好的生活习惯,健康快乐地成长。

(二)召开幼儿园班长培训会

2010年11月2日上午,实验二小永定分校附属幼儿园召开班长培训会,会议由园长张一兵主持。会议的主要内容是研究如何解决幼儿园小朋友健康饮食问题。会上,幼儿园保健医生再一次针对幼儿健康饮食问题进行了讲解。一是教育孩子在饮食方面少吃口味偏重食物,少吃甜食,并在本园菜谱制定方面也要进行改进,要以清淡为主,减少红烧、油炸等烹调方式;二是要求教师鼓励肥胖儿饭前先喝汤,减少禽肉类的摄入,多吃蔬菜和水果,进餐速度也要在老师的教育下,学会细嚼慢咽;三是要求教师多组织孩子进行各种兴趣活动,并适当增大肥胖儿的运动量;四是通过召开家长会,加强家园沟通,一起培养孩子良好饮食习惯;五是教师要积极做好肥胖儿的心理教育工作。另外,幼儿园将开展重点关爱肥胖儿活动,为每个肥胖儿建立档案,以便加强管理;教师要加强对肥胖儿的观察和辅导,让孩子认识到肥胖的危害，使他们基本能自觉地控制饮食和增加运动。

张园长最后强调，孩子是祖国的花朵，他们的身体健康直接关系到祖国的未来，因此我们一定要对他们的身体加倍呵护。我们将通过一学年的努力，争取使每个肥胖幼儿的肥胖度都能得到有效的控制。

（三）挖掘家长资源

为了拓展幼儿的学习视野，使家园双方形成教育合力，共同为幼儿的成长创造优质环境和条件，实验二小永定分校附属幼儿园充分挖掘家长资源，同家长拉起手，结成育儿伙伴。

2011年12月6日，幼儿园邀请家长代表参与班级活动。活动前教师根据本班教学计划和家长们的职业特点、兴趣爱好，分别为他（她）们量身定做了活动内容。小四班把一位在分局工作的警察妈妈请到了班上，在看看、摸摸的互动提问中，引导幼儿认识警察的服装和职业；中二班把擅长英语口语的家长，请到班上与幼儿进行英语互动交流；中三班请到了在政府机关工作的家长，为幼儿们讲述生活礼仪，等等。这些不同于平常的教学活动既开阔了孩子们的眼界，又丰富了幼儿园的活动。

让家长走进幼儿园，共同肩负起教育的责任，对幼儿的身心发展、游戏水平及学习能力都会产生积极而深远的影响。同时，对于帮助家长创设良好的家庭教育环境，获得科学的保教知识也起到了很好的促进作用。

第三节 开发剪纸园本课程

一、开展幼儿剪纸教学探索

2007年11月,幼儿园开展幼儿剪纸教学探索实践。幼儿自主创意脱稿剪纸是指幼儿不用笔在纸上画稿,而是以剪刀代笔,直接用剪刀随心所欲地进行作品创作的剪纸方式。开展这些活动,可以激发幼儿参与活动的热情,提高幼儿在活动中的自主探索和主动思考能力。它与传统的剪纸方法相比,关注的是幼儿的可持续发展。

幼儿园自从开展这项活动后,既激发了孩子们的创作兴趣,也培养了幼儿手和心的灵敏度及感知、观察、视觉思维、形象记忆、想象创造等能力,通过剪纸这种身心合一的活动,还锻炼了幼儿的性情,使幼儿获得心灵的宁静,有利于幼儿健全人格的形成,促进幼儿身心和谐发展。

根据《幼儿园教育指导纲要》实施细则"艺术领域"部分的要求,永定分校开展的幼儿剪纸活动,让幼儿表达了自己的所见、所知、所想,表达了自己的情感,激发了幼儿的动手兴趣。

创意剪纸突出了幼儿的自主性，使幼儿手、眼、脑的协调能力得到提高，在剪纸中的专注、细心、坚持的好品质及主动思考、主动创造的意识，都为幼儿的终生发展奠定了良好的基础。凡到幼儿园参观的老师，必看幼儿剪纸活动。生态式艺术教育专家姚兵岳老师到幼儿园指导时称赞说："你们的孩子剪得非常好，下剪大胆，作品富有个性，孩子的剪纸习惯培养得也不错。"

2009年5月，海淀区部分幼儿园园长和教研员，在门头沟区进校师训部刘琦主任和曹云梅老师的带领下，到幼儿园观看幼儿剪纸活动。孩子们使用剪刀的灵活性和具有儿童情趣的创造使他们大为赞赏。在门头沟区第二届"巧手杯"幼儿美术作品展览闭幕式上，永定分校附属幼儿园的孩子们在现场进行了脱稿剪纸展示，受到了领导的夸奖，张一兵园长还在大会上代表幼儿园做了专题发言。

二、成立园本课程研究小组

2010年成立了园本课程研究小组，老师们对脱稿剪纸有了更多的理性思考，更加深入地研究和梳理了自主创意脱稿剪纸的教育价值、教育理念等方面的内容。之后组织全体教师共同编写了一套符合永定分校附属幼儿园实际的园本课程教师教学用书，此书2011年7月完稿。

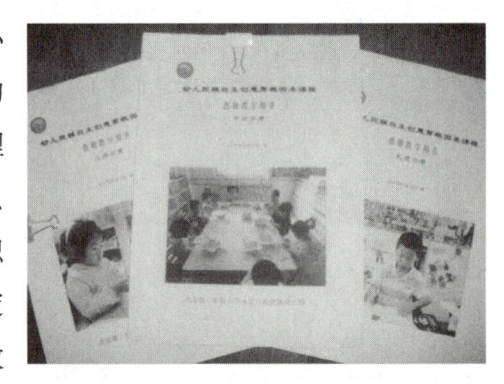

本书是在全园教师剪纸教学实践基础上形成的，包括小班、中班、大班3册共96个剪纸活动计划。本书对各年龄段幼儿的剪纸教学内容给予了具体化的指导，具有很强的操作性，为教师们更好地组织剪纸教学活动提供了方法上的指导。教师们可根据本班幼儿使用剪刀的能力，在本书的指导下，开展好适合本年龄段幼儿的剪纸活动。

实验二小永定附属幼儿园自开展剪纸教学实践活动以来，取得了两项收获。一是使孩子们得到了发展。自主创意脱稿剪纸突出了幼儿的自主性，使幼儿手、眼、脑的协调能力得到提高。特别是幼儿在剪纸中的专注、细心、坚持的好品质及主动思考、主动创造的意识，都为幼儿的终生发展奠定了良好的基础。二是促进了教师的成长。通过实践，大部分教师在思想上明确了自主创意脱稿剪纸活动的目的是使幼儿在快乐的剪纸过程中学会思考、建立自信。教师不再将掌握技能作为剪纸活动的主要目标，不再将教师的意愿强加给幼儿，而是更加关注幼儿的内心感受，更加理解幼儿的独特表达。

园长张一兵结合幼儿园开展剪纸活动所撰写的论文，荣获北京市基础教育科学研究2013年优秀论文一等奖。

三、家长谈孩子剪纸

幼儿园小三班安宣宇家长高秋红这样谈孩子学剪纸："妈妈，快来和我一起剪纸吧!""跟我学,把纸对折一下,然后从中间慢慢地剪,千万不能剪断(女儿伸出食指,睁大眼睛认真地对我说),注意千万要小心不要剪了手。"这是女儿从幼儿园回家后最愿意让我和她做的一件事。

通过学习剪纸,她的女儿变得安静了、文静了。为了剪一个作品,她能安静地坐在那里二三十分钟,自己动手折一折,剪一剪,一次不成功,她会自己找失败的原因,并进行调整,再重新剪一次,直到自己满意为止。

高秋红说女儿从小就脾气特别大、特淘气、很任性,在她的身上看不到一点女孩子影子,这是她一直特别伤脑筋的事情。她经常与老师交流女儿的情况,女儿得到了老师们的帮助和教育。经过一段时间的教育,女儿各个方面都有了很大的进步。

然而自从女儿学习剪纸后,她真的变成小淑女了。她能安静地干某一件事情了;能走路不跑了;能有礼貌地称呼长辈了;小朋友之间知道谦让了……这就是剪纸给她的女儿带来的变化。她说,她真的被这小小剪纸的魅力所折服,幼儿园教师抓住幼儿的心理特点开设的剪纸课程,激发了幼儿好奇心和学习的兴趣,从教学的形式上说,真是一个创新。

四、幼儿园请来奶奶当老师

2011年9月28日上午,实验二小永定分校附属幼儿园大三班的老师请来了刘子怡小朋友的奶奶参与本班剪纸活动。在活动准备过程中,班里的老师几次与刘奶奶就教学内容、课程设计和幼儿的已知经验进行交流,对教案进行反复推敲,最后在资源成熟、教学过程设计流畅后才开始实施。当孩子们看到刘奶奶带来的剪纸作品时,既羡慕又崇拜,他们积极踊跃地向刘奶奶提出自

己感兴趣的问题，刘奶奶都一一解答。在幼儿剪纸过程中，刘奶奶坐在小朋友中间为小朋友作近距离的艺术指导。活动最后，刘奶奶当场献艺，她边剪边讲解，把剪纸活动推向了高潮。

幼儿园充分挖掘家长剪纸教育资源充实课程内容，使家园携手形成剪纸艺术教育的合力，使幼儿园开设的剪纸艺术教育课程更具魅力，更加促进孩子素质提高。

五、召开专题现场会

2012年6月29日，实验二小永定分校附属幼儿园成功召开了"让自主创意剪纸伴幼儿健康快乐成长"专题现场会，全区各幼儿园、学校标准班的领导和教师近200人参加了开放活动，近距离感受了剪纸艺术的魅力。在参观过程中，孩子们专注的神态和表情给所有教师留下了很深的印象。参会领导对幼儿园的剪纸活动给予了较高的评价，一致认为孩子们在剪纸活动中的专注、细心、自主、思考对他们上小学很有好处，对他们一生的发展都是有益的。

六、参与园本课程丛书撰写

2013年，幼儿园参与了北京市园本课程理论与实践探索丛书的编写工作，独立承担一本书的写作任务。参与丛书编写推动了幼儿园的园本课程建设，老师们总结梳理了5年多的实践经验，同时也对剪纸课程有了更多的理性思考。大家认为，参加这本书的编写，有助于教师更好地实施这一课程，让幼儿从中获得更多的成就。

当年，在北京市博物馆举办的"大手

拉小手，非遗传后人"儿童无稿剪纸展中，幼儿园13幅幼儿作品参展。2014年3月，由张一兵园长担任主编的《幼儿自主创意脱稿剪纸课程的探索与实践》一书正式出版。

之后，学校领导和老师们继续探索幼儿剪纸艺术，对怎样提高幼儿的剪纸技法、如何将剪纸和游戏结合起来进行了重点研究和实践。这项工作为教师有意识地培养幼儿的观察习惯，使学生用一双敏锐的眼睛去看这个世界，用艺术家的眼睛去发现事物起到里积极的促进作用。

经过几年的实践研究，使幼儿在表达与表现方面有了新突破；幼儿可以从几个物体的连续剪发展为用一整张纸直接剪出主体和边衬，形成一个完整的画面。这种剪法体现了幼儿较高的思维水平，说明他们已经学会了整体思考，并进入了较高水平的剪纸阶段。

2014年5月28日，在全国妇联儿童工作部、中国妇女儿童博物馆共同主办的"第二届全国儿童剪纸作品展"活动中，永定分校附属幼儿园的两幅幼儿作品获优秀奖，并发表在《童真的畅想》一书中，幼儿园也获得优秀组织奖。

2016年12月24日，在北京市关心下一代工作委员会举办的"北京市少年儿童迎新春手工作品展"中，永定分校幼儿园的38幅剪纸作品获展。孩子们在现场进行剪纸展示，得到了领导及参观人员的高度评价。

幼儿自主创意脱稿剪纸课程培养了幼儿"手和心"的灵敏度，使幼儿的"感知观察能力、视觉思维能力、形象记忆能力、想象创造能力"得到了提高。现在，脱稿剪纸已成为永定分校附属幼儿园的特色课程，同时也为门头沟区其他幼儿园开展剪纸教学提供了参考。

七、剪纸大师为幼儿授课

为深入开展幼儿园剪纸特色课程的研究，提升幼儿对剪纸作品形象的表现力，2015年，实验二小永定分校附属幼儿园聘请民间剪纸艺术家陈玉梅女士为幼儿园剪纸社团的孩子们授课。为激发幼儿的剪纸兴趣，陈老师给孩子们上了一节剪纸艺术欣赏课。她绘声绘色地点评自己剪纸集锦中的每一幅作品，并附加了作品创作的历史与寓意，诠释了每一个花纹设计的灵感与应用。同时，陈玉梅女士还用自编的小儿歌，引导幼儿感知和理解剪纸这项传统技艺，如"剪寿桃，叶子茂，恭祝大家身体好"。

为了达到细致刻画作品的目的，陈老师还把生活中常见的花纹画在黑板上，引导幼儿细致地观察每个花纹的组成，且用儿童化的语言进行命名，并对花纹适用的场景进行了细致的说明，拓展了幼儿剪纸活动的空间。陈老师还重视幼儿语言表达能力的培养，引领他们对作品进行自评，并提出创作建议。剪纸大师陈玉梅的加入，为幼儿园剪纸社团培养幼儿兴趣，提升幼儿自信增添了后劲。

第四节　构建适合幼儿发展的课程

课程是实现教育目标的载体，永定分校附属幼儿园以研究幼儿、尊重幼儿、促进幼儿可持续发展的理念不断加强课程建设，努力构建适合幼儿发展的课程。

一、课程背景

幼儿园自2007年起开始进行儿童自主创意脱稿剪纸课程的研究与实践，经过几年的摸索，梳理出小、中、大班的教育目标与内容，探索出不同年龄班幼儿剪纸能力发展的特点和指导方法，总结出剪纸课程的实施途径与评价方法,形成了《幼儿自主创意脱稿剪纸课程的探索与实践》这本书。这一课程成果使幼儿园老师获得了很大的成就感,它激励教师们在此基础上继续加强课程建设,构建全新的课程体系,以便更好地促进幼儿的发展。

二、课程结构

基于"以幼儿健康成长为本,为幼儿终身发展奠基"办园宗旨和"让爱永驻心中,让美安定相随"的办园理念,幼儿园初步构建了"根柢课程"体系。中国历史上著名的文学理论家,刘勰《文心雕龙·宗经》中有"根柢槃深,枝叶峻茂"的名句。著名法家思想的代表人物韩非子在其《韩非子·解老》中说:"柢固则生长,根深则视久。"学前教育是根的事业,幼儿园的课程要为幼儿的生长创设一个良好的生长环境,提供丰厚的土壤、充足的阳光、新鲜的空气和永续的水源,帮助幼儿形成有利于终身发展的良好品质。

课程的起点是入园适应课程,终点是幼小衔接课程,中间部分包括快乐体育课程,生活礼仪课程,科学主题课程,生态美术课程。通过课程使幼儿成为健康、乐群、专注、自信且心中有爱、行中有美的人,为幼儿的后续发展奠定基础。

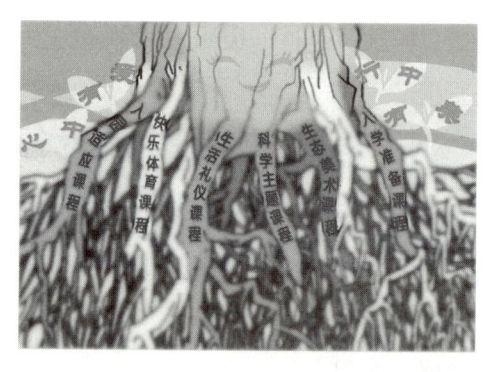

每一种课程都有详细的课程实施方案,包括课程总目标、各年龄段目标与内容、课程的组织与实施。这种设置有利于教师制订班级计划和备课,同时又给教师留有了足够的发挥创造性的空间。

三、课程思想

(一) 生态教育思想——使幼儿可持续发展

在实施课程过程中，幼儿园强调教育的持久性，要求教师把目光放远，不光注重孩子当前的发展，更要关注孩子明天的发展。

第一，利用园内环境资源促进孩子发展。幼儿园的树木比较多，教师充分利用这一资源开展综合教育活动。与花草树木的近距离接触满足了幼儿的好奇心，也培养了幼儿对大自然的亲近之感。

第二，关注幼儿后续发展。如：在幼小衔接课程中，以"为幼儿升入小学做好环境认知、心理调试、能力习惯方面的准备"为目标开展活动，萌发幼儿喜欢上小学的愿望，激发幼儿对学校生活的向往之情。

第三，注重培养爱的情感。以"懂得感恩，学会关爱"为主题开展节日教育活动，使幼儿在参与中感受爱，并用多种方式表达自己对老师和亲人的爱。

(二) 树立人本教育思想——使幼儿快乐地发展

第一，尊重幼儿的多种需要。根据马斯洛的需要理论，幼儿园在满足幼儿生理需要的同时，更多地关注幼儿的心理需要。幼儿的心理需要得到满足之后，会使他们情绪愉悦、身心舒畅，自然也就获得了发展。因此，幼儿园提出了"需

要+满足＝快乐+发展"的公式。

第二，尊重幼儿的个体差异。对于发展速度比较慢的幼儿，教师给予足够的爱心和耐心。特别是对那些有特殊需要的幼儿，教师专门制定个别教育方案、进行恰当的教育干预、建立个人成长档案、定期观察记录幼儿的发展情况，努力为孩子的成长创设良好的精神环境。

（三）合作教育思想——使幼儿和谐地发展

第一，与家庭合作。以家长助教为主要方式，丰富幼儿的课程内容。家长助教活动丰富多样，涉及音乐舞蹈、科学实验、魔术表演等，在扩展幼儿学习内容的同时，也使幼儿获得了许多有益于身心发展的经验。助教活动不仅发掘了家长的潜力，也激发了家长为幼儿园教育提供服务的热情，使家园合作更加紧密。

第二，与社区合作。组织到社区内幼儿开展游戏活动，向家长发放资料，宣传《指南》精神。开放幼儿园资源，请社区家长带孩子来园，体验阅读、美工制作等游戏，强化家长对科学育儿的指导。

（四）整体教育思想——使幼儿全面地发展

幼儿的发展是一个整体，在课程中幼儿园注重各领域之间活动目标与内容的相互渗透，并注重在生活活动中自然而然地渗透相关教育。如：上下楼梯靠右行、走过道时要慢行，渗透安全、礼仪与规则教育；进餐时不挑食、要多喝白开水，渗透健康教育；饭前便后把手洗干净，渗透良好生活与卫生习惯的教育；午睡时自己穿脱衣服叠被子，渗透自理能力的教育。

第十章　永定地区办学条件的改善

第一节　永定中心小学校园建设侧影

党的十一届三中全会以后，随着党的教育方针、政策的贯彻、落实，由"冯村、石门营、稻地"三个中心合并的永定中心小学，在杨福成校长的领导下，取得了很大成绩。第一件事是杨校长在总务主任刘锡田、教导主任武福源的协助下，在上级领导的关怀和冯村及其村办企业的支持下，改善了办学条件，增添、更新了教学设备。特别是在各村的支持下，使包括永定中心校在内的5所完小，都实施了老旧危房的改扩建，这项工作在永定地区和全区很多学校都传为美谈。

进入20世纪80年代以后，学校学生活动，教师活动非常频繁，可是学校却没有一个像样的可容纳多人的礼堂。根据这种情况，1984年暑期后新学期刚刚开学时，武福源主任便向杨校长提议，永定中心学校应建一座可容纳中心学校全体学生集会的礼堂，在下雨天和冬天，学生可以在这个礼堂里集会、演出；五所完小的教职工也可以聚在这里开会、举办工会活动或大型教研活动。杨校长同意后，就由刘锡田主任全权负责此项工作。

当时，学校的经费还很不充裕，可是各所完小校舍必须进行改扩建，总务主任刘锡田请示杨校长后，首先挑选了一家精干的建筑队负责全中心的校舍改造任务，永定小学的礼堂也在建设之内。建一个礼堂需要很多经费，而上级拨付的资金又很有限。为节省建礼堂的经费，也为了解决盖礼堂的地址，刘锡田先让建筑队把学校东面的关帝庙拆掉（关帝庙属于冯村小学旧址）。从拆下的木料中，挑出了很多木料，其中的大柁、檩条、柱子，就尺寸和木质而言，都是盖礼堂的可用之物……就这样，1985年年初，在拆除庙寺后腾出的地基上，建起了学校的大礼堂。其实，说是礼堂其实就是5大间房，同时在礼堂的南边又盖出一大间耳房，作为校长办公室。

冯村学校坐北朝南的几栋教室，是20世纪50年代初冯村村民用拆除宝林寺、长寿寺、天山寺的木料盖起来的。到了20世纪80年代中期，虽然修缮过两次，但是教室外墙的墙皮也早已脱落了，木质门窗大多已经损坏，总之这些教室都已成为危房，早已不适应飞速发展的教育需要了。为给孩子们一个良好的育人环境，到了1986年，刘锡田又找了一家技术精干的建筑队，果断地把学校一排坐北朝南的教室拆除后盖上了一排二层简易小楼，共建设10个标准化教室。随后，学校又拆除了校园内西边的两栋教室，在此地基上也盖上了两层简易楼房。这个楼房教室竣工后，学校在下层设置了音乐专用教室、体育器材室；楼上是科任办公室和财务室。同时在各办公室和专用教室内都配备了落地扇和质量较好的办公桌、暖壶、洗手盆、书架等，极大地改善了办学条件，也解决了原先因集体办公而相互干扰的问题。

接着刘主任又让建筑队把校园东边两间教室拆除后，盖上了同样规格的两层简易楼，作为"电教室"、图书室、小会议室、人事室和领导办公室。将校园南面的排房改建成了幼儿园小食堂，幼儿午休室。在礼堂的前面（曾是关帝庙的院子）建成了学生活动乐园。

按照当时的规划，又在东南的一块空地上盖了一间车库、一间浴室、两间储存室和男女厕所。在学生食堂后边的空地上，以校园南围墙为后墙，盖上了一排平房，部分房间作为储存煤球、劈柴的库房，其余的房间租给了企业，收取房租改善学校办学条件。

1996—1999年，由于北岭地区几个村相继搬迁到冯村，很多学生也随之转到了冯村小学。由于现有教室满足不了新形势的需要，所以永定中心又在校园南面的大操场的西边盖起一栋有10个教室的二层简易楼。

进入20世纪八九十年代中期，永定中心学校及下属完小的办学条件已经得到了极大的改善，基本满足了各科教学的要求，为学校发展奠定了良好的基础。

现在，为永定中心小学教育发展呕心沥血，为改善办学条件终日操劳的老校长杨福成已经过世多年了，吃水不忘挖井人，现在老校长走了，但是他为了永定中心的发展所做出的贡献，历史是不会忘记的，我们后人将永远怀念他。

如今老主任武福源、刘锡田也都进入了耄耋之年，衷心希望两位教育前辈生活幸福、健康长寿！

第二节　实验二小校长李烈勘察永定分校新校址

2010年2月3日下午，北京第二实验小学李烈校长及校长助理等一行5人，在区教委教育工委书记张爱宗、区教委主任何渊、副主任王殿玉等相关领导陪同下，来到永定分校的新校址工地现场。永定分校宋茂盛校长、书记施长生及施工部郝经理接待了李烈校长及其他领导。李烈校长一行人在坑洼不平的工地上巡视后，与有关领导进行了交流。北京第二实验小学永定分校的新校工程从奠基到完成建设历经一年时间，于2010年7月完工，9月正式交付使用，2010年10月举行了新校址落成暨开学典礼。

但新校校园规划、设计还有很多的工作要完成，如何体现"品位在细节中兑现"，如何以最快的节奏将最优质的校园文化、办学思想、办学理念展现在崭新的校园中、展现在大家面前，将是摆在我们面前必须攻克的课题。李烈校长激励永定分校的每一位成员，要用大家的智慧共同构想、描绘学校发展的新画卷。

第三节　完成村小拆迁工作

一、总体情况

2010年12月27日上午9点左右，永定分校历时55天的拆迁工作宣告结束，4所完小的1121名学生和87名干部教师全部安置完毕。盘点这55个日日夜夜，在拆迁过程中，全体干部精心安排，细心抓好每一细节，想在前，干在前，确实起到了表率作用。

2010年10月20日，根据区委区政府的指示，实验二小永定分校下属稻地、栗元庄、上岸、联办4所完小要全部拆迁、另行安置。同时安置的还有部分教师的家。涉及拆迁和撤并安置的所有教师舍小家、顾大家，克服困难，服务大局，按时签约，按时腾退，支持学校顺利完成了这项"工程"，做到了不让一个孩子因拆迁而失学，不让一个教师因拆迁而下岗。

二、积极动员统一认识

在拆迁动员阶段，教委于2010年11月3日，召开了北京地铁S1线及采空棚户区改造拆迁动员大会。会议刚刚结束，学校就立即召开干部会传达教委会议精神，16:30在报告厅召开北京第二实验小学永定分校全体教职工会。传达了区教委主任"关于门头沟区政府S1线建设及采空棚户区改造拆迁工作动员大会的讲话精神"，校长宋茂盛做动员，要求全体教师要认清形势，服从大局，静下心来，教好书、育好人，增强岗位意识，竞争意识，忧患意识。

三、摸清情况未雨绸缪

本次永定地区拆迁涉及11个村，3000多户居民。永定分校下辖的上岸、栗元庄、稻地、联办4所完小也在拆迁范围之内，很多教师及亲属的家也在拆迁范围之内。为了很好地应对拆迁工作，必须做到心中有数。经过细致摸排，了解到全中心涉及拆迁的教师及家属35人、32户，4所撤并学校共有1121名学生，87名教师（含五名干部）需要安置。

四、树立旗帜创先争优

面对拆迁工作的诸多问题，在拆迁最关键的时刻，学校充分发挥党、团员的先锋模范作用，带头签约、带头搬迁。2010年11月17日党支部召开了"服从服务大局 共建美好家园"特色党日启动大会，号召大家服从大局、识大体，时刻树立岗位意识、忧患意识。在整个拆迁工作中，所有涉及拆迁的党员在不损害个人利益的情况下，积极签订拆迁协议，配合拆迁工作组依法拆迁；所有被重新安置的教师都以大局为重，服从学校安排；党员同志没有因拆迁、撤并影响工作，始终踏踏实实努力工作。

五、沉着、冷静、从容应对

（一）动员教师及亲属拆迁

随着时间的推进，拆迁奖励期一天天临近，学校在2010年11月8日确定了校级干部与被拆迁户一对一进行联系的任务，此项任务直至拆迁完毕。干部积极联系被拆迁户，主动面谈、电话访谈、适当家访，设身处地地为教师着想，使教师消除了顾虑，以良好心态对待拆迁工作。

学校党支部每周都要对本单位拆迁户的信息进行收集，随时关注签约情况。自11月27日，吴筝老师第一个签约后，从12月5日开始全体被拆迁户陆续签约，到了12月16日，离奖励期限还剩两天，可是还有12户未签约。学校立即召开各校领导会，要求做好没有签约教师的工作，要求在不违背大原则的基础上，在保证不牺牲教师个人利益的情况下，要求没签约的教职工积极主动地找评估公司进行评估；要求联系领导随时联系没签约的教职工，掌握第一手材料，并及时汇报情况。因为工作细致，到奖励期限最后一天，即12月18日20:09，全体被拆迁教师都履行了签约手续。

（二）学生安置问题

根据学校摸排和统计，要拆迁的稻地、上岸、栗元庄、联办4所完小共有1121名学生需要安置，其中，外地务工子女856人，本地学生256人。学校领导研究决定，做到了原则上"不让一个孩子因拆迁而失学，所有学生均享受同城区学生一样的待遇"。11月12日下午各校召开家长会，为每一位学生家长发放了《致家长一封信》并签订了《学校撤并学生就学安置意向书》。之后，学校指派一名干部专门负责学生就学意向统计和撤并后课程计划安排、及教师需求和班级设置等具体工作的落实。

11月29日，由于拆迁工作的临近，学生开始依次到安置学校就读。

（三）教师安置问题

为了很好地对撤校后的教师进行合理安排，学校11月25日召开领导干部专门会议，研究三校拆并后如何结合学生转学意向（石门营小学整体搬入临时校址），具体安排教师问题，保证每位教师都有岗位。12月18日，学校召开三校及中心有关领导干部会，宣布三校调整安置方案。下午召开三校教职工大会，宣布调整安置方案，发放教师意向书。12月21日中午，学校领导收齐教师意向书。12月22日召开有关领导会，根据教师意向，安排教师新任工作岗位，12月24日下午4:30，公布教师新岗位安置情况。

此项工作的落实，没有任何一位教师有畏难情绪，进一步表明了教师们服从大局，以学校利益为重的良好思想素质，同时也展现了实验二小永定分校教师的新风貌。

（四）教育为本，教学为重

拆迁改造是件大事，社会舆论，家长谈论，势必会影响到学生的思想。这段时间学生开始陆续地转走，使学生产生了浮躁情绪。为了平定学生的情绪，4所撤并学校都召开了以"为了明天更美好的家"为主题的班会。班会从不同侧面教育学生要确立学习目的，明确学习是做学生的首要任务，教育他们珍惜现在憧憬未来。由于学生工作到位，因拆迁转学的学生无论被安置在哪里，都受到了热烈的欢迎。

与此同时，为了不让教师因拆迁而懈怠工作，积极组织召开教师会，组织教师学习，规范各项考核制度，要求老师踏踏实实地做好本职工作。由于教师工作做得细致，在学校撤并的非常时期，教师都能在思想上遵守职业道德，认认真真地备好课，实实在在地上好课，耐心做好学生辅导，积极地从事教学研究，出色完成了各项工作。

（五）选派教师协助拆迁

2010年11月3日，学校选派两位主任和一名教师去拆迁办协助工作，主要负责曹各庄村的拆迁。三位抽调人员表现十分突出，从培训开始，认真学习拆迁政策，到入户调查时，积极协调被拆迁户工作，尤其是在签约关键期，连续几天几夜奋战在拆迁大厅，为教委顺利完成曹各庄拆迁工作做出了贡献。

2010年12月16日，离奖励截止时间还有两天，经调查在本村居住的正式生家庭共有8户还没有签字。下午，书记、校长分两路带领班主任到没签约的学生家中做工作，在学校领导和班主任的耐心工作之下，这几户学生家长终于答应立即签约。

总务后勤人员为了不耽误4所学校撤并工作，积极准备，早做安排。一是将冯村老校的相关设备进行检修，同时下到4所完小登记财产，统筹协调撤并后的安排。二是对安置学校需要的设备进行调试，调配齐全桌椅，保障了 27 日重新开学。

2010 年 11 月 26 日，学校召开为拆迁户安置周转房动员会，书记施长生宣读了区委、区政府的动员报告，之后教师们积极寻找房源。学校也把存放设备的一间半房腾了出来作为周转房分配给教师用。截至 11 月 30 日，学校共收集房源 10 套（楼房 4 套，平房 6 套），很好地解决了教室拆迁周转房的问题，为拆迁工作中做出了应有的贡献。

总之，S1 线建设和棚户区改造两项工程，是北京市政府确定的重点工程，对于改善地区民生、提高城市建设水平，加快首都西部综合服务区建设具有十分重大的意义。拆迁工作解决了 4 所学校的撤并安置工作和教师的安置问题，但随着学生生源的变化，地区环境的变化，新城区人文环境的进一步提升，学校面临的挑战还有很多，但是学校领导相信在上级领导的关心与支持下，在全校干部教师的努力下，一定能很好地解决这些问题。

第十一章　永定地区办学品质的提升

实验二小永定分校迁入新址后，在不断改善办学条件的同时极为注重办学品质的提升，学校从多角度、多项内涵的打造精致的校园文化，为学生营造良好学习与成长的空间。

第一节　七大文化的内涵

学校文化是一种精神、一种信念、也是一种力量，为了进一步优化成长环境，永定分校在学习借鉴实验二小九大文化的基础上，结合学校实际，推出了适合本校发展的七大文化，这些文化形成的过程，就是学校发展的过程。随着学校的发展变化，学校文化与时俱进的不断完善，文化的内涵也一直发展和变化着。

一、亮丽、精致、育人、适宜的环境文化

亮丽：亮丽是环境文化之形。有赏心悦目、充满生机的文化环境，是促使师生形成健康向上心理氛围的重要条件，是激励师生爱校、敬业、乐业、爱生活的情感源泉，可以极大地增强师生对学校的向心力、内聚力、荣誉感。永定分校积极推进学校亮丽环境的建立，为学生创造爱校、敬业、乐业、爱生活的情感服务。

精致：精致的环境是文化的本质。细节决定成败，永定分校在进行校园文化建设时，对学校每个角落、每个细节都不能马虎，都以认真负责的态度加以关注。要求全体教职员工以精益求精的精神对待工作。学校认为这是建设高品位、高质量校园文化的基本保障；认为和谐的校园背后离不开全体教职工的努力。

育人：育人是环境文化建设之魂。环境是学生的第三位教师。永定分校在校内外处处营造良好的育人文化氛围，处处为学生的身心发展创造良好育人环境。

适宜：适宜是环境文化建设之本。学校认为美丽、雅致的校园文化环境和师生文明的言行、高雅的举止、快乐的心境是和谐校园的标志。

二、规范、责任、高效、民主的管理文化

规范：规范是办好一所学校，实现学校跨越式发展的前提和基础。学校提出要积极贯彻国家的教育方针、法规；学校的各项规章制度、管理办法及方案都建立在依法治校基础之上。依法治校是前提，制度建设是保障，公平公正是关键，落实到位是结果。

责任：恪尽职守、明确职责，工作不推诿、积极主动，甘于奉献、对所管理的工作要敢于担当。

高效：合理管理、利用好时间，高实效、快捷地开展工作是做好监狱工作的基本要求。永定分校提倡教师做事干净利落，有布置，有检查，有结果；提倡工作讲究方式方法；提倡及时讲、及时做、及时反思。

民主：学校提倡民主管理，干部善于倾听、采纳积极的民意，不独断专行。

三、阳光、智慧、美丽、合作的教师文化

阳光：学校要求职工快乐地工作，要对生活充满热爱，具有朝气蓬勃的精神面貌；要积极主动工作，具有敢于奉献的精神；要对他人心怀感恩，具有宽广博大的胸怀。

智慧：学校提倡高效地工作，要求教师要善于学习、苦练内功、修炼素质，提高自身素质；要睿智进取、追求高效，用发展的眼光看待问题；要懂得生活、热爱工作，追求生命价值与职业价值的统一。

美丽：美丽包括外表、举止、言行、情趣、心灵的美丽。学校提倡教师要有中队的美丽品质，提倡美丽中要有健康、有智慧、有创造；美丽中要蕴含着"爱"——对事业、对生命、对自己的爱。

合作：学校提倡教师知己知彼、诚恳大方，善于与他人交流与分享；要懂得付出，要快乐地工作，营造和谐的工作氛围，这样才能幸福地工作。

四、自理、自主、自信、自强的学生文化

自理：学校提倡学生要学会责任与创造。学会自己的事情自己做、家里的事情帮助做、学校的事情积极做、社会的事情参与做。提倡学会生活自理。

自主：学校提倡学生要学会自主学习，学出习惯与大气；要养成自主学习能力和良好的学习习惯，培养终身学习的良好品质。

自信：学校提倡学生要自信，要展现自己的修养与品格，正确认识自己，愉快接纳自己，培养广泛的兴趣、爱好，敢于自我展示。

自强：学校教育学生要自强不息，强调培养学生的信心与能力。教育学生要志存高远、拥有梦想、勤奋努力、珍惜幸福，在成长中自立自强。

五、尊重、责任、合作、成长的家长文化

尊重：学校提倡教师、家长、孩子之间要相互尊重。尊重是合作的前提，教师与家长之间要相互尊重，保持一种诚恳、相互理解的态度，在沟通时要虚心听取对方的意见，教师要指导家长有效合作；家长要主动参与到班级管理中来。教师、家长与孩子之间更要相互尊重，教师要尊重孩子的差异，因材施教；家长要尊重孩子的兴趣爱好、成长规律，为孩子提供幸福的成长环境；孩子要在老师、家长的共同教育下懂得自尊、自爱、团结、互助，尊敬师长。

责任：学校要求家长要明确家庭教育的责任，给孩子创造一个健康成长环境。孩子80%的时间是在家中度过的。教师注重智力开发，家长应在德上做好引导，让孩子快乐生活，是学校教师和家长的共同愿望。学校提出只有明确学校和家庭各自的责任和义务，才能有效促进学生健康发展。因此，家长有责任投入时间、精力来共同关注孩子的成长发展。教师和家长要明确分工，加强合作，最大限度地发挥教育的合力。

合作：学校提出家长要成为学校的合作伙伴。家长与学校在教育孩子的问题上是平等协作的关系，家校合作是双向活动，家长和教师要相互了解、相互配合、相互支持。学校倡导家长是学校宝贵的教育资源，家长要参与到学校的日常教育教学工作之中，参与管理、参与监督，使学校在教育学生时能得到更多的来自家庭方面的支持。家长在教育子女的问题上，学校要给予更多的指导，双方成为亲密的合作伙伴。

成长：学校提倡学校、家长、孩子共同成长。学校提倡让合作互动的家校教育共同体成为推动学校发展，促进家长和师生成长的一支重要教育力量；提倡信任、沟通、合作成为学校家庭教育与学校教育互动、互补的不竭动力和源泉。

六、多元、自主、开放、未来的课程文化

多元：学校提倡课程设置多元化。第一是要融合原有三级课程体系，形成以国家课程为主的基础性课程；第二是以国家课程特色化实施为原则，即在以国家课程为主的情况下，设置适合师生的拓展类课程；第三是根据学生发展及个性需要，开设展现学生特长，形成学生个性的提升类课程，为学生提供学习过程中更大的空间选择和内容选择，体现教学内容的多元性和选择性，提倡改变学生的学习方式，提升学生的综合素质。

自主：学校提倡课程的设置要符合学生的年龄特点，要饶有兴趣，让学生乐学；提倡课程设置多门类，让学生有选择的余地；提倡针对能力弱的学生，开设能够提升自身能力的课程。要求教师在课堂上必须把学习的自主权交给学生，让学生由"要我学"，变成"我要学"；把教给学生知识，变成教给学生自主获取知识的方法，把教师点名发言，变成学生踊跃自主发言，把教师告诉学生答案，变成学生自主探究知识。

开放：学校设置了六大领域课程和一个开放空间，形成了开放型课程体系。这六大领域分别是语言领域、科学领域、艺术领域、健康领域、社会领域和综合实践领域。一个开放空间就是学生广阔的生活空间。课程资源的开放，可包括各种有形和无形资源。有形资源包括图书、报刊、图片等文本资源，影视节目、录音、录像、网络等音像资源，博物馆、教育基地、图书馆、纪念馆、各种社会组织和政府机构等；无形资源包括给予学生的各种教育和理念。课堂的开放包括向家长、教师、各级领导随时开放（这是对教师无形的鞭策，长此以往，教师会受益匪浅）；教学设计的开放是从问题的提出，到问题的解决都要给孩子提供开放的空间，教师的任务就是把握好开放度，调控好何时放，何时收；课业的开放是针对不同层次学生设置分层作业、常规作业、短期作业、长期作业、长效作

业等。

未来：学校提倡学生要面向未来，要有时代特色。学校提出要根据未来人的培养需求，设置课程目标、课程体系、评价方法，促学生的可持续发展。学校的"育鹰"课程体系打破了原有三级课程之间的壁垒，形成了现有的"六类三层"的"育鹰"课程体系，既落实了国家、地方课程开足开齐的要求，又满足了学生个性化发展的需要。

七、生本、对话、求真、累加的课堂文化

生本：学校要求教师教为学服务，以学论教，要求教师在课堂上要以学生为根本，教学活动要紧紧围绕"学生主体参与"进行，要求教师要"勇敢地退下去，适时地站出来"。要求教师一切的教育教学行为应关注学生全人发展、终身发展的需求，切实做到"为孩子的明天而教"，实现素质教育。

对话：课堂教学是活动，不仅是行动的参与，也是思维的碰撞。因此，有效的课堂教学离不开互动和交流。"课中研讨"成为学校教学的主体，对话成为学校教学特色。这里所说的"对话"包括学生与学生的对话、学生与教师的对话、学生与教材的对话、学生与环境的对话。要求在生生交流中，学生要敢于大胆质疑，发表自己的不同意见，形成互辩的回合，展现出学生探究的过程。

求真：教学首先应是科学求真的过程，这就要求教师具有扎实的基本功，理解、把握"三维目标"要科学、严谨。其次，课堂教学的状态应是真实的、自然舒服的。因此学校要求教师带着真情实感去教，学生在真情的碰撞中表达真实想法，激发、生成新智慧。最后，就是要求学生要有探究精神，教师要通过引导学生不断生成问题、解决问题，培养学生执着追求的探索精神。

累加：教学的效果以正确的教学方向为基础，并在时间累积的基础上

逐渐显现出来。因此，学校强调"累加效应"。一方面可以摆脱"做课"与"完美"的心理枷锁，而以轻松、真实的心态面对课堂、形成合理期望；同时有助于教师站位高，以整体架构的思想与教材对话，将学科知识由"点"到"链"再到"网"，跨单元、跨年级，甚至跨学科，形成整体把握，而非铁路警察各管一段，割裂地进行教学。另一方面需要教师了解"昨天"，把握"今天"，面向"明天"，对学生的培养呈不断超越、持续发展的状态。

第二节　环境文化的主体特征及创意说明

2009年，北京第二实验小学永定分校新校园主体工程即将建成，为了体现学校的教育作用，学校制定了《校园文化建设方案》，目的是通过校园文化的设计，综合反映学校师生精神面貌、反映和提升学校办学品质，体现学校的办学理念及育人目标。

新校园要体现地域文化特色，为此，学校在新校园环境设计中，体现有永定河文化中的京西古道文化、北京八景之一的"卢沟晓月"文化、爨底下古村落文化、门头沟地区的"京西太平鼓"民俗文化、卢沟桥抗战全面爆发的爱国主义教育文化、门头沟名山、宗教即"三山两寺"文化等，另外还有永定分校的"爱为源、人为本"的办学理念和"勤奋、创新、文明、健美"的校训等。在专业教室的室内外文化装饰中，也体现出了不同专业教室的文化景观特色。

新校园还引入、吸收北京第二实验小学"以爱育爱"主题校园文化特色中最具代表性的精华部分，设计了"100个故事"线刻造型雕塑、"爱为源"雕塑、"56个民族是一家"文化墙、"京剧艺术"文化墙、"英语角""音乐角"等。

一、"书山"雕塑

采用砂岩材质的"书山"造型为主体结构,将永定分校开学时间、学校校徽、李烈校长书写的"爱"字造型等元素,巧妙组合搭配,表现了北京第二实验小学厚重的校园文化底蕴和先进的办学思想及对分校各项工作的指导和帮助。翻开的书本,寓意续写新编章;将"爱"字镶嵌书页中间,烘托了永定分校"爱为源、人为本"的发展理念;在书页上刻着"学海通天地、书山藏古今"的诗句,寓意永定分校明天的教育将更加辉煌、灿烂;刻写的"教"与"学"的名言,突出表现了学校在"爱的教育"下,所展出的教学活动的美好愿景,也是对学校"爱为源、人为本"的一种诠释,同时也表现出了"教"与"学"的和谐辩证关系。

二、科技文化长廊

在学校门口,建造了科技文化长廊,在长廊内的石桌上放置了围棋、象棋、军旗等,学生们可以在这里博弈、休息、阅读书籍、交流心得、观看棋类名人介绍、纳凉避雨等。这里还栽种有攀爬类植物和南方修竹。长廊设计简约、现代、功能性强,在整体设计中即融入了环境感,又从视觉上充实了校门口空间,避免了给人带来的空旷之感。在使用功能上,一是增加了学生室外休闲娱乐活动空间;二是为学生放学家长接送提供了休息等待的理想场所。

三、"面向未来"浮雕

将活字印刷、指南针、卫星轨道、卫星、飞机、星系、计算机等科技元素进行巧妙组合，象征着美好的未来。再搭配上校徽、校名、山峰、翅膀和学生形象等元素，表现了学校厚重的历史文化底蕴和取得的辉煌成就；面对新的机遇和挑战，全校师生所表现出来的意气风发、不懈努力、追求进步的良好精神面貌；同时也寓意学校的各项建设必将迈入一个跨越式的、崭新的、高速的、更加扎实有效的发展阶段以及学校必将取得更加辉煌的办学成就的美好信心和向往。

四、"点石成金"雕塑

"点石成金"雕塑，通过两种材质合成的雕塑，展现了一个小小典故的含义，说的是晋朝的旌阳县曾有过一个道术高深的县令，叫许逊。他能施符作法，替人驱鬼治病，百姓们见他像仙人一样神，就称他为"许真君"。有一年由于年成不好，农民缴不起赋税，许逊便叫大家把石头挑来，然后施展法术，用手指一点，使石头都变成了金子，这些金子补足了百姓们拖欠的赋税。成语"点石成金"据此而来。

学校把这个典故做成雕塑，寓意学校的教学质量、学校的发展、师生的成长进步都将有一个质的飞跃。同时也表现了学校教给学生的不仅是知识，还有做人的道理和学习的方法，烘托学校"授之以鱼，不如授之以渔"的良苦用心。

五、100个故事雕塑

少年儿童是传承与发扬民族传统文化最重要的群体，是民族文化繁荣兴盛的希望。基于对学生加强中华传统文化教育的需要，学校在校园文化建设规划中，将中华传统文化教育内容融入到了学生学习环境和校园景观之中，使学生在校园之中随时随地都能接受到中华传统文化的熏陶。

在设计内容上，有门头沟极具代表性的"三山两寺一湖一峰""古村落""民俗"等；还有30个故事是门头沟区区域内的故事，反映了门头沟文化的精髓，表现了门头沟区厚重的历史文化底蕴。在这100个故事中，有70个故事取材于全国境域之内，有富于哲理的成语故事，有魅力的民间传说故事，表现了中华民族深厚的文化底蕴，是中国传统文化中的经典。

这100个故事都是经过学校全体教师精心选取、领导班子最后决定的。这些故事非常贴近学生的生活和学习实际，使学生在反复读、看这些故事的同时，不知不觉地就接受到了中华民族传统文化的教育，潜移默化地提升自己的德、艺素养。这100个故事时刻引导、感染、熏陶着学生，促进了学生健康、快乐的成长。

六、《弟子规》造型

《弟子规》是中国传统的早期教育教材，是国学精品。它以儒家文化为基础，以实际环境为依托，向孩子灌输了封建社会如何做人的道理。永定分校中的《弟子规》造型采用不锈钢流线型，使整体造型充满现代感和动感；将中国传统吉祥文化元素中的"飞龙在天""节节高"等元素赋予其中，寓意学校的各项建设将在全体教职员工的共同努力下，必然取得进步的美好愿景。同时从视觉和空间两方面，削弱和避免了一年级楼前空间过于"空"和"乱"的感觉（井盖过多、墙体方块造型单一）。它的整体设计简洁、现代、大气，又不失艺术性、观赏性和功能性，并且与教学楼的现代、大气造型相呼应，使学校大门的整体文化氛围又上了一个台阶。

七、56个民族文化墙

中华民族是由56个民族组成的大家庭，在这个大家庭里，山河相依，唇齿相联，骨肉相溶，思想相通。在这个大家庭五千年的历史长河中，各兄弟民族辛勤耕耘，繁衍生息在华夏这片广袤的大地上，团结友好，英勇奋斗，共同塑造了光辉灿烂的中华文化，共同谱写了一曲曲英雄的赞歌，共同缔造了强盛的多民族国家，共同铸造了中华民族在世界民族之林的英雄形象。

要让学生真正了解56个民族，只靠单纯的说教和阅读资料是远远不够的，小学生由于年龄偏低，认知习惯以直观为主，因此他们对于那些拗口的民族名、那些奇特的民族习俗、那些复杂的民族历史认识起来有许多的困惑。所以永定分校在校园文化装饰设计中，采取了视觉冲击法，在教学楼内设置了一面题为"56个民族是一家"的民族文化墙，文化墙用鲜艳的色彩展现了56个民族的服饰与文化，让56个民族鲜活地出现在了校园里。整体设计不光考虑到装饰的美观性，还考虑了与学生的互动，增强了文化墙的功能性。学校这样做是让学生对我们的多民族历史、文化、风俗习惯等产生兴趣，进而启发他们对各民族历史文化产生深入探究的愿望，全方位地了解各个民族的历史和人文，从而体会出我们中华民族的伟大！

八、京剧文化墙

京剧是中国的国粹，是最能代表中国传统文化的元素之一。学校的京剧文化墙以动漫京剧人物和脸谱为主线，配合有京剧艺术文字介绍、京剧艺术国画、中国古典吉祥图案等，使其观赏性和知识性互为补充，不仅增强了京剧文化墙的功能性，而且在表现形式上，也突出了吉祥和喜庆的寓意。京剧文化墙的整体设计简洁、现代，又符合学生的心理需求，在潜移默化中带动和影响着学生对中国传统文化知识的了解，感受京剧传统艺术的无穷魅力！

九、英语角

学校为了烘托英语特色教育氛围，提高学生学习英语的兴趣和热情，增强口语表达能力，在校园文化方案设计中设计了"英语角"，"英语角"面向所有爱好英语的同学，旨在提高同学们学习英语的热情。学校"英语角"的开辟，为学生学习英语开辟了一个新途径，也为学生以后用英语交流打下基础，同时为营造健康向上、积极进取的英语学习氛围创造了有利的条件及环境。

十、科技读书空间

营造良好的读书氛围有助于培养学生良好的读书习惯，因此学校设计了"科技读书空间"。学生可以利用课间点滴时间阅读自己喜欢的图书，享受读书之乐。看到学生在课间围绕在书架旁边信手翻阅的情景，那种浓浓的读书情境着实让人感动。"科技读书空间"的主题围绕科技布置，为学生创设了安静的读书空间和优越的读书条件及良好的读书氛围。孩子们畅游在书海中，在读书中学习到很多科技文化知识，感到其乐无穷。

十一、音乐空间

音乐可以对人的心灵及智慧起到净化和升华的作用。通过音乐可以感染和熏陶人的灵魂，音乐在人的一生中起到了非常重要的作用。学校为了让音乐熏陶学生们的情感、调节学生身心的平衡、促进学生思维和想象能力的提高，设置了音乐空间。学生在这个空间里，可以真正拥有一个健康、快乐的童年；可以在这个空间里开拓自己的视野，提高自己的综合素质，陶冶自己的情操，促进自己各方面的进步。

十二、大厅星空手绘墙、图书馆门口星空手绘墙

学校在校园文化设计方案中，将"飞龙在天"的吉祥图案设置在大厅和图书馆门口。图案以大厅的星空手绘墙为龙头，图书馆门口的星空手绘墙为龙尾，从空间格局上表现了学校建筑格局的"气场"流动，即"吐故纳新"，学校和谐、顺畅、进步的吉祥寓意。手绘墙在装饰上摒弃了画框装饰、展板装饰的生硬与造作，将一幅幅流动、立体的画面定格在墙壁上，给人以和谐、灵动、宏大、热烈之感。大厅及图书馆门口选用星空图案，可以让学生对星空科技产生无限的遐想，进而产生浓厚的兴趣，还可以使学生学到课堂上学不到的知识，扩宽学生的视

野，丰富孩子们的知识面。在整体设计上简洁，大气，现代，和谐，吉祥，深刻。

第三节　各年级楼道玻璃墙裙文化装饰说明

一、一年级楼道主题：《三字经》

古人曰："熟读三字经，便可知天下事，通圣人礼。"《三字经》共一千多字，已有八百八十余年历史，可谓家喻户晓，脍炙人口。三字一句的韵文极易成诵，内容广泛，包括了中国传统的教育、历史、天文、地理、伦理、道德及一些民间传说，文字简洁、生动。

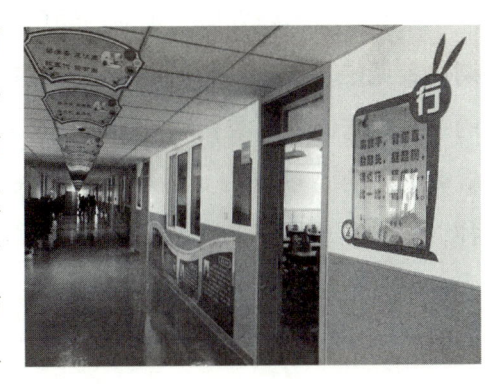

二、二年级楼道主题：唐诗文化墙

唐诗是我国唐代遗留下来的文化瑰宝，是我国优秀的文学遗产之一，也是全世界文学宝库中的一颗灿烂明珠。唐代，被视为中国创诗的年代，因此有唐诗、宋词之说，大部分唐诗都收录在《全唐诗》中。自唐朝开始，有关唐诗的选本不断涌现，而流传最广的当属蘅塘退士编选的《唐诗三百首》。二年级的学生，知识在不断增长，在他们的楼道内，设置唐诗文化墙，可以从小就让他们接受中华诗文化的熏陶，逐步提高他们的温和底蕴。

三、三年级楼道主题：《论语》文化

《论语》是儒家学派的经典著作之一，由孔子的弟子及其再传弟子编

撰而成。它以语录体和对话文体为主，记录了孔子及其弟子的言行，集中体现了孔子的政治主张、论理思想、道德观念及教育原则等。《论语》与《大学》《中庸》《孟子》《诗经》《尚书》《礼记》《易经》《春秋》并称"四书五经"。设置《论语》文化墙的目的是，让学生感受中国传统文化中的为人处世的道理。

四、四年级楼道主题：名人名言

人类文明不断发展，生活的颜色不断刷新，然而，对于生命的本质可谓仁者见仁，智者见智。古今中外无数的智者都对生命和人生做出了精辟的总结，它们是人类智慧的结晶，是人类思想的火花。在四年级楼道中设置名人名言，就是为了让学生的心灵得到净化。楼道内的名人名言有两种，一种是中国名人名言并配以名言书法，表现中国人民智慧的无穷魅力；另一种是国外名人名言并配以英文书写，突出表现学校英语特色教育的内涵。

五、五年级楼道主题：中国传统民间艺术和中华传统文化

民间艺术是艺术领域中的一项分类，领域很宽广，像皮影、剪纸、编织、绣花、狮子舞等，都是很著名的民间艺术，也是中华文化的瑰宝。民间艺术是希望的艺术，是吉祥的艺术，是充满生命力的艺术，它已成为一种文化符号和文化标志，永远地储存在每一个中国人的身上和心里。在五年级的楼道中设置传统艺术文化墙，目的是让学生感受中华传统艺术的魅力。

六、六年级楼道主题：畅想心声

在六年级楼道内设置唱响心声文化墙，主要以插图、文字的形式，表现人与人、人与自然、人与社会的关系，从而引导人们对自然、社会、人生的思考。

第四节　楼道内各层科学文化墙装饰说明

一、科任一层主题：科学文化墙

总体介绍了科学的分类及应用。科学是造福人类社会的高尚事业，科学的分类大概有四种划分方法：按研究对象的不同可分为自然科学、社会科学和思维科学及总结和贯穿于三个领域的哲学和数学；按与实践的不同联系可分为理论科学、技术科学、应用科学等；按人类对自然规律利用的直接程度分，可分为自然科学和实验科学两类；按是否适合用于人类目标来看，可分为广义科学、狭义科学两类。

二、科任二层主题：音乐名家、乐器介绍文化墙

介绍了音乐和乐器这门艺术科学的主要内容。音乐的基本要素是指构成音乐的各种元素，包括音的高低，音的长短，音的强弱和音色。由这些基本要素相互结合，形成音乐常用的"形式要素"，例如：节奏、曲调、和声及力度、速度、调式、曲式、织体、旋律等。构成音乐的形式要素，就是音乐的表现手段。

乐器，泛指可以用各种方法奏出声音的工具。一般分为民族乐器与西洋乐器。民族乐器即中国的独特乐器。如笛子、箫、二胡、琵琶、丝竹、胡琴、筝、鼓、编钟等，是代表着中华音乐文化的传统乐器。西洋乐器主要是指18世纪以来，欧洲国家已经定型的管弦乐器和弹弦乐器、键盘乐器等。常用的西洋乐器有五大类，即弦乐器、木管乐器、铜管乐器、键盘乐

器和打击乐器。

三、科任三层主题：书法、绘画艺术文化墙

中国书法是将中国汉字艺术化的一种表现形式，是中国特有的享誉世界的一种传统艺术。中国书法的艺术魅力在于它按照汉文字的间架结构特点，并通过一定的体式，可以将汉字所表达的含义既直观又含蓄地表达出来，使之成为极富美感的艺术作品。汉字书法是汉族所独创的表现艺术，被誉为：无言的诗，无行的舞，无图的画，无声的乐。中国书法有五种主要书体，即楷书体（包含魏碑、正楷）、草书体（包含章草、小草、大草、标准草书）、隶书体（包含古隶、今隶）、篆书体（包含大篆、小篆）、行书体（包含行楷、行草）。

汉族传统绘画形式是用毛笔蘸上水、墨、粉彩，作画于绢或纸上的绘画艺术，这种绘画作品被称为"中国画"，简称"国画"。我国传统绘画与西洋画的区别一是在工具上，国画绘画工具主要是毛笔，夕阳花绘画工具主要是硬刷笔；二是在绘画材料上，国画的绘画材料主要是墨汁、水、及国画颜料、宣纸、丝绢；西洋画的绘画材料只要是油画颜料和亚麻布；三是在绘画题材上，国画的绘画题材主要是山川河流和花鸟鱼虫，西洋画的绘画题材主要是静物，如树木、静止人物……另外国画的技法有工笔和写意两种，它的精神内核是"笔墨"。

第五节 楼道内各层装饰画说明

一、一年级：杨柳青年画、12生肖玉挂件

杨柳青年画，是中国著名民间木版年画，与苏州桃花坞年画并称"南桃北柳"，约产生于明代崇祯年间，清雍、乾至光绪初期为鼎盛期。其制

作方法为"半印半画",即先用木版雕出画面线纹,然后用墨印在纸上,套过两三次单色版后,再以彩笔填绘,勾、刻、刷、画、裱等纯手工制作。杨柳青年画具有笔法细腻、人物秀丽、色彩明艳、内容丰富、形式多样、气氛祥和、情节幽默、题词有趣等特色。

2007年6月8日,天津杨柳青画社荣获国家文化部颁布的首届文化遗产日奖。杨柳青年画继承了宋、元绘画的传统,吸收了明代木刻版画、工艺美术、戏剧舞台的形式,采用木版套印和手工彩绘相结合的方法,创立了鲜明活泼、喜气吉祥、极富感人色彩的独特风格。

天津杨柳青年画在制作时,先用木版雕出画面线纹,然后用墨印在上面,套过两三次单色版后,再以彩笔填绘。既有版味、木味,又有手绘的色彩斑斓与工艺性特色,因此,杨柳青年画最具民间艺术的浓郁韵味,是中国套版印画艺术的瑰宝。

选择年画是童趣性很强的事情,年画简洁、夸张、传神,象征意义朴实、直观,符合一年级学生年龄特点,更容易让他们接受。

在橱窗内放置12生肖玉件,是为了帮助学生认知12生肖、了解12生肖,进一步培养对中国传统文化的喜爱。

二、二年级:桃花坞年画、民俗工艺品(剪纸、钱币、瓷器)

在二年级的教师楼道内,设置了桃花坞年画及民俗工艺品(剪纸、钱币、瓷器)等。桃花坞年画源于宋代的雕版印刷工艺,是由绣像图演变而来,到明代发展成为民间艺术流派,清代雍正、乾隆年间为鼎盛时期,每年出产的桃花坞木版年画达百万张以上。

桃花坞年画的印刷主要用着色的彩套版,构图对称、丰满,色彩绚丽,常以紫红色为主色调,以表现欢乐气氛。它基本上全用套色方法制作,在刻工、色彩和造型上都具有精细秀雅的江南民间艺术风格。它的艺术特色主要表现吉祥喜庆、民俗生活、戏文故事、花鸟蔬果和驱鬼避邪等民间传统审美内容。民间画坛称之为"姑苏版"。

学校装饰方案中选择的年画为象征吉祥和平安的门神年画，配合剪纸、钱币、瓷器等比较常见的工艺品，目的是加强学生对中国传统文化内容的了解和对中国传统文化的认知，培养学生热爱中国传统文化的情感。

三、三年级：山东杨家埠年画、仿古代玉件配饰

山东潍坊寒亭杨家埠的木版年画兴起于明代，全以手工操作并用传统方式制作，发展初期受到杨柳青年画的影响，清代达到鼎盛。因为杨家埠年画蜚声国内，因此在杨家埠曾一度出现"画店百家"的盛期和"画种过千，画版上万"的盛景。由于杨家埠年画名声极大，因此全国各地前来采购年画的画商终年络绎不绝，产品流布全国各地。杨家埠最富盛名的画店卫东大顺画店，拥有画版300多套，年制画百万余张。杨家埠年画体裁广泛、想象丰富、重用原色、线条粗犷、风格纯朴，内容表现手法丰富，艺术价值高。

在方案设计中，除了在三、四、五年级的教室楼道内设计了最具代表性的各地区年画外，还配有仿古代玉件配饰、铜制工艺品、陶制工艺品，目的是帮助学生认知和感受中国传统文化的博大精深和无穷魅力。

四、四年级：河北武强年画、仿古代铜制工艺品

河北省武强县的年画具有浓郁的乡土气息和地方特色，其丰富的内容是中国民间社会生活的百科全书。武强年画历史悠久，产生于宋末元初时期，明、清两代最为鼎盛。那时人烟稠密的武强南关，可谓是"家家点染，户户丹青"，是中国北方最大的木版年画产地之一。武强年画品图丰满、线条粗犷、设色鲜亮、装饰夸张、节俗特色浓厚，是民间年画中的佼佼者。武强年画内容除了有大量民间题材外，更注重反映重大时代变革，表达人们对国事的爱憎，对人生的美好期望。

学校在设计方案中，除了在四年级的教室前面布置武强年画之外，还布置了仿古代的青铜艺术品，这些都反映了当时中国传统艺术品的最高成就。在这里布置这些艺术品，目的是让学生了解中国古代传统艺术的魅力，增强民族自豪感。

五、五年级：河南朱仙镇年画、陶制工艺的魅力

朱仙镇是我国四大年画产地之一。朱仙镇的木版年画历史最悠久，堪称中国民间艺术宝库中的一颗明珠。朱仙镇的木版年画与天津杨柳青年画、山东潍坊年画、江苏桃花坞年画并称中国四大年画。朱仙镇木版年画有五大特点：一是线条粗犷，粗细相间；二是形象夸张，头大身小；三是构图饱满，左右对称；四是色彩艳丽，对比强烈；五是门神多，严肃端庄。朱仙镇木版年画中最多的就是门神，门神中以秦琼、尉迟敬德两位武将为主。在那些大大小小的门神画中，两位武将或衣着不同，或形态各异：步下鞭、马上鞭、回头马鞭、抱鞭、竖刀、披袍等，不下20种样式。

在朱仙镇年画的旁边，还巧妙地摆放了许多陶制艺术品，这些陶制艺术品与朱仙镇年画巧妙搭配，让学生在耳濡目染中接收到了中国传统文化的熏陶，体会到了中国传统文化的博大精深。

六、六年级：各类民族工艺画、民族画

一至六年级楼道内装饰画的布置没有严格按照最初所定类别进行区分，而是按照年级高低和装饰画的艺术品位高低进行区分的。低年级楼道内布置的都是童趣浓厚，艺术品位淡雅、稚气的装饰画，随着年级的增长，装饰画的艺术品位也越来越高。

到了六年级，就要让学生接受具有中国传统地方特色的艺术品的熏陶了。为此，学校在环境布置方案中，对六年级学生展示的艺术品都极具地

方特色，如麦秸画、鸭蛋画、腊染、珐琅彩、农民画等。方案这样设置，目的是让学生从更高层次和更高品位上认知中国民俗文化的博大精深和无穷魅力，让他们在潜移默化之中提高对艺术品的鉴赏水平。

第六节　综合楼楼道内各层环境装饰说明

一、综合楼一层环境装饰说明

综合楼一层主要装饰有活字印刷、指南针、青龙、白虎、朱雀、玄武瓦当系列、四大名锈系列、木雕工艺品系列、少数民族银饰系列。这些装饰内容集中反映了中国建筑方位设计、中国传统建筑材料工艺、中国刺绣工艺、中国木雕工艺、少数民族银饰装饰工艺的最高成就，从中也可以看出中华民族传统工艺文化的发展过程，以此激发学生的民族自豪感。

二、综合楼三层楼道环境装饰说明

在设计综合楼三层楼道的装饰风格时，学校设计了仿北京故宫、台北故宫、沈阳故宫馆藏古代名画系列、中外铜牌画、木版画系列、国画、钢笔画系列、壁画系列等内容，从中可以看出中国建筑工艺、绘画工艺、铜牌制作工艺、木版画雕刻工艺及钢笔画和壁画工艺的发展脉络和发展水平，学生看了会引起深深的思索和无限遐想。

三、综合楼装饰艺术品位层次的区别说明

综合楼装饰艺术品位层次与年级楼道有所区别，为大类综合性的装饰。目的是使每一位走近综合楼的教师、学生和家长都能从中感受到学校浓厚的艺术氛围和学习氛围。这样的艺术环境，可以使师生在潜移默化中

受到艺术的影响和熏陶,从而带动师生树立追求艺术的梦,树立为艺术现身的精神和勇气。

诸多文化元素巧妙地搭配组合,既秉承了实验二小校园文化的精华,又彰显了分校的地域文化特色;既美化了校园环境,使之成为一道亮丽的风景,又突出展现了永定分校在实验二小的带领、指导和帮助下,各项工作必将迈入一个跨越式的、崭新的、高速的、更加扎实有效的发展阶段。

第十二章　永定地区在成长中铸就辉煌

实验二小永定分校在风雨中走过了百年历程，近年来，借助名校办分校与"遨游计划"项目的政策支持，永定分校再次起航与腾飞铸就辉煌！

第一节　北京第二实验小学教育集团谱写爱的篇章

一、集团校视导促办学品质提升

2012年10月24日，实验二小永定分校迎来了尊贵的客人——北京第二实验小学教育集团，集团校的60余位校领导在李烈校长的带领下前来视导。区教工委书记何渊、区教委副主任刘中阁、小幼科科长白丰莲、教师进修学校小教研主任赵薇及教研员和25所小学的校领导参与此次活动。

活动在热情洋溢的太平鼓声中拉开序幕，孩子们将日常学习到的校本

课程内容编排成精彩的小节目欢迎远道而来的客人：具有门头沟地域特色的太平鼓表演，体现学校办学特色的英文歌曲表演唱，展现学生体育特长的太极扇、弟子规操、轮滑、跆拳道，永定分校孩子们的阳光、智慧、快乐得到充分展示。简短的欢迎仪式结束后，北京第二实验小学的5位导师及各位领导纷纷走进语文、数学、英语、品社、体育课堂，永定分校的五位徒弟做汇报课，课后进行了细致的研讨与评课。随后，教育集团听取了宋茂盛校长做的题为《依托"一三五七"行动计划，促进学校内涵发展》的工作汇报，观看了名校办分校专题片。集团分校的12位校长针对本次视导活动谈了感受，并提出了良好的建议。

本次北京第二实验小学教育集团视导活动，通过学生展示、听课评课、校长汇报等方式全面展示了永定分校自名校办分校以来所取得的成果。区教工委何书记与教育集团领导都给予充分肯定，李烈校长对永定分校的办学理念、办学思路、办学特色及本次活动的热情、有序和严谨给予高度评价，李校长说到：对永定分校十分满意！

集团校视导是对实验二小永定分校办学品质的检验，永定分校在宋校长的带领下也借助本次视导，使得办学品质再次提升。

二、争办"大爱杯"提升管理水平

为了更加广泛的传播"爱"的教育，分享先进教育理念，引领教育先进一起朝着优质教育共同迈进，从2012年起，实验二小教育集团每年都要举办"大爱杯"课堂教学研讨活动。今年，由实验二小永定分校争得承办权。

11月25日至26日，第三届"大爱杯"课堂教学研讨活动在永定分校隆重举行。国务院参事室参事、实验二小校长李烈，区教工委书记何渊，来自全国26所成员校的校长、干部、教师140余人及我区各小学教师代表60余人参加了活动。

活动由开幕式、赛课、评课和闭幕式组成，共有数学、语文、英语、音乐、体育五门学科的20节课，节节都精彩，都充分体现了"生本、对话、求真、累加"的课堂文化。在讲课环节，永定分校的孩子们自信大方地展示自我，无形中将学校的育人成果充分体现。

在集团化办学的过程中，"作为具有百年积淀并拥有独特品牌的名校，实验二小应当承担促进义务教育优质均衡发展的责任。"这种担当并非单纯地"输出"，而是达到"共赢"的效果。实验二小输出教育理念和管理经验，为分校和友好学校提供干部师资培训和教研交流的支持，也为区内的教师提供了资源共享的机会。

经过两天的学习研讨活动，六名教师脱颖而出，捧得"大爱杯"，永定分校张秀静老师是英语学科中唯一夺杯的教师。

永定分校将以承办此次活动为契机，通过活动带动师生面貌，创办更加优质的学校，追求更加优质的教育！

三、名校长工程让思想领航

为加强北京市中小学高层次人才队伍建设，努力造就一支与首都教育事业和经济社会发展相适应、教育教学思想先进、创新能力突出的高层次人才队伍，市委教育工委、市教委决定实施北京市名校长发展工程。经过层层选拔与竞聘，实验二小永定分校宋茂盛校长于2014年7月进入首届北京市名校长工作室，从师于李烈校长、季平教授。

9月29日，名校长发展工程第一小组的专家与校长们走进实验二小永定分校，实地指导学校工作。参加活动的有实验二小李烈校长，北京教育学院季苹教授，区政协主席张冰，区委常委、常务副区长陈国才，区教委教工委书记何渊，区教委主任李永生及项目组的其他成员。

专家组一行一同观看了学校的宣传片，对学校的发展有了大致了解。宋校长以"积极创建人文校园，用爱润泽适合师生发展的教育"为题，汇报了学校在文化建设上的思考和举措。随后，一起聆听了一年级金静老师的一节语文课，孩子们虽然刚入学一个月，但课堂常规已初见成效，显得很有规矩。稍事休息后，李烈校长和季苹教授对金老师的课进行点评，从学校办学理念和课堂文化方面提出建议。专家们还对宋校长的汇报给予专业指导，强调学校的发展要与本校的理念一致，要认真斟酌学校文化建设的内涵。活动一直持续到下午4时才结束，即使在短暂的就餐过程中，教育专家们也围绕文化育人的话题展开探讨。

名校长发展工程旨在提升校长的理性思考能力和专业发展水平，每期将持续开展为时两年的研修活动。如此高质量、高水准的培训一定会促进我区的教育事业蓬勃发展。宋校长在名师工作室得以在思想上提升使得学校以师生发展为本，用爱润泽适合师生发展的教育，学校孜孜以求的目标。学校在不断探索、实践、反思、提升的过程中，我们始终行走在路上。

第二节　课程建设促进学校的可持续发展

宋茂盛校长说，只有课程改革才能使学校更具有活力与生命力。近几年的课程改革，让实验二小永定分校再铸辉煌。

一、走在课程改革的前沿

（一）举办高效课堂校长论坛

2011年6月10日下午，门头沟区教委主办的"门头沟区深化教学方式改革构建高效课堂——校长论坛"由北京第二实验小学永定分校承办，在北京第二实验小学永定分校举行。国务院参事、北京第二实验小学校长李烈、北京市教委基教一处处长杨志成、基教二处副处长李永生，门头沟区教工委书记张爱宗、教委主任何渊、教师进修学校校长王占景及教委中、小教科，组织部、宣传部和全区中小学校长、副校长、教学主任160余人参加了论坛。活动由教委副主任杨玉柱主持。

活动第一部分由实验二小永定分校、东辛房小学、坡头小学、工人子弟小学的6名教师分别平行执教6节课，与会者分头听课。第二部分是校长论坛，实验二小永定分校校长宋茂盛围绕教委要求，所做的"积极开展构建高效课堂的'五导'教学模式的研究，使学校教师的教学更接近学生实际，更加有利于学生发展"的发言，赢得了与会者的共鸣。坡头小学校长王翠珍、工人子弟小学校长李西刚、东辛房小学校长谭峰也分别作了发言。李烈校长对活动进行了精彩的点评，她首先肯定门头沟区教委"构建高效课堂"论坛活动确定的主题好，活动形式好，突出了课堂是校长工作重中之重，然后指出四位校长发言各有千秋，从独特视角反映各校构建高效课堂的做法，她希望门头沟区教委把这项活动扎扎实实、按部就班地做下去。最后市教委的李处长、杨处长分别对活动进行了总结。

本次论坛的召开让实验二小永定分校的改革走上新的高度。

（二）举办"培育学校课程文化提升学校办学品质"校长论坛

2013年1月日，区教委小幼科在实验二小永定分校举办"培育学校课程文化提升学校办学品质"校长论坛，全区小学校长和主管教学干部参加论坛。举办本次论坛的目的是探讨实施课程改革以来，如何进一步推动课程与课堂，提升办学品质的方法和思路，指导课程改革实践。

我区实施课程改革以来，已经逐步形成了课程与课堂双轮驱动、提升办学品质的工作思路，但是还不完善，在指导实践中还有很多问题。在本次论坛中，实验二小永定分校校长宋茂盛、大峪二小校长高海英、育园小学校长侯勇等先后发言，与大家共享了他们在课程改革中，如何做好课改与减负、提质的基本做法。通过举办本次论坛，促使各校领导干部积极开展对学校的减负提质工作进行认真梳理，做好管理与减负、教学与减负、课程与减负、作业与减负、考试评价与减负五个层面的工作。在本次论坛中，还对72篇课程与减负方面的论文、案例的作者进行了表彰。

北京师范大学教育学部课程与教学研究院教授张春莉，北京市课程中心课程专家李群、韩宝江，北京市教委基础教育一处处长张风华，北京市课程中心主任杨德军，北京市课程中心课程室主任程舟，门头沟区教委主任李永生等领导和专家出席了本次论坛。

《中小学管理杂志社》《现代教育报记》《中国教师报》《京西时报》等平面媒体记者分别对本次论坛进行了报道。

(三) 参加全国课程建设博览会与校长论坛

2016年4月6—7日、2016年11月26—27日全国语文课程建设博览会及全国小学校长高峰论坛分别在实验二小通州分校、山东潍坊诸城实验小学举行，在这两次大会上，实验二小永定分校宋茂盛校长以《构建语文课程体系让每个学生都精彩》《构建"育鹰"课程让学生绽放精彩》为题做了精彩的典型发言，向来自全国各地的教育专家介绍了实验二小永定分校课程改革的历程及课改成果。实验二小永定分校"育鹰"课程的顶层设计及学科课程改革的成果受到了与会专家、教师的高度评价。

(四) 家校共育结硕果

2016年11月3日北京市中小学社会主义核心价值观教育工作成果展示交流活动在北京市第十二中学成功举办。北京市教育工委常务副书记张雪、首都文明办未成年人工作处处长常建军、北京印象报刊总社社长李开发、教科院有关部门负责人、各区教委主管领导及中小学校长参会。

北京第二实验小学永定分校宋茂盛校长以"学校家庭求合力　共育核心价值观"为主题在大会上做了交流发言，宋校长从三方面分享工作经验：首先，依托媒体平台将社会主义核心价值观

教育推进家庭；其次，家校携手在实践中体验学生的社会主义核心价值观；最后，学校积极探索长效机制建设保证家校共育作用的持续发挥。宋校长的发言简短、凝练、内容丰富，得到在场领导与同仁的一致认可。市教育工委张雪书记在总结发言中对已有工作中取得的成效进行肯定，并提出新的要求，希望各校在今后的工作中能统一思想、找准问题、扎实推进，将社会主义核心价值观教育工作引向深入。

实验二小永定分校一直以来多维并举，充分发挥家长的教育伙伴作用，让社会主义核心价值观教育走进家庭，实现家校合力，共育社会主义核心价值观。

二、课程改革使学校得到迅速发展

近年来，实验二小永定分校走在了课程改革的前沿，受到了各级领导、教育同行的关注，多次在市区及活动中展示，起到了师范、引领的作用。

（一）开展校际交流合作共赢

2014年11月7日下午，圈门小学（以下简称圈小）召开了"整合教学"研讨会。实验二小永定分校史主任和谭岚老师应圈小李校长的邀请参加了这次研讨会。

研讨会上，谭岚老师展示了语文学科内的整合教学，即语文主题单元阅读1+1课型的教学，圈小康老师展示了语文与专题教育整合课型的教学。北京教育学院的季芳教授、郭俊红教授、我区小学研修员王迎九老师参加了研讨会。

谭岚老师在课堂教学中不仅展示了单元主题教学的魅力，还把我校的课堂文化传递到了圈小，使圈小的学生们在课堂上也随着"眼睛跟着声音走""请同学们和我交流"有了生生间的互动的体验，使原本沉闷的课堂变的灵动起来，受到了圈小老师的赞叹。

然而，这次走进圈小，也让永定分校的教师看到了圈小教师们尝试的学科间的整合教学，这也为教师打开了一扇窗，拓宽了整合教学的视野，永定分校的教师们把本次送课活动又成为学习的好时机。

（二）课程交流共促成长

2015年12月11日，实验二小永定分校史文华老师带领聂建霞、张剑、赵钰等人来到了潭柘寺小学送课，一节课是由赵钰老师为低年级的孩子们送来的主题拓展识字课，一节课是由张剑老师为中年级孩子们送来的单元主题阅读课，另外一节课是由聂建霞老师为高年级孩子带来的单元主题习作课。三节课后，史老师就实验二小永定分校校语文课程建设进行了专题讲座。这次送课进潭小的活动是应王健校长的邀请，就我校近年来语文课程改革建设的具体措施与方法与潭小老师们一起交流。两年来，在新课程理念的指导下，实验二小永定分校在宋校长和我校各位领导的引领下，在各位老师的全力配合和辛勤工作下，课程建设正朝着科学，健全的方面发展，在这个过程中，在孩子们的巨大变化的同时，也亲身感受着整个教师团队和每个教师个人的成长。这些变化，让学校在迎接的一次又一次的国家及市区级大型活动中不仅经历着检验，也得到了肯定，更是备受着关注。因此，在潭小领导教师的诚挚邀请下，在校际间的交流互动中我们达成了此行。

为了顺利完成此行，真正达成此行之目的，学校从领导到教师都积极投身到此次活动的准备当中，从领导听课、选课、再到一遍遍复备、复改，整个磨课的过程中，没有一个人表现出懈怠的情绪，尽管在这一过程中，我们正好赶上了由于雾霾红色预警所造成的学校停课，我们无法在真实的课堂中去试讲的情况，但大家严谨治学的态度仍然促使着我们一起走进校园，共同研究修改，最终在11日学生复课的当天我们就顺利地完成了送课任务。而之后的交流研讨中，史老师的发言更是促进了永定分校与潭小今后的交流与合作，这一切成果的取得，都是课程改革取得的成果，教师和我们的学生都会在课程建设的改革中越走越好！

（三）城乡手拉手，捆绑共发展

6月13号，在实验二小永定分校宋校长、陈书记亲自带领的，有教学史主任、年级组长张秀芬、区级骨干教师安海霞和谭岚老师一行六人，来到我们的手拉手学校——军响小学，两校开展了深入的教学研讨活动。

活动8:50准时开始。首先，由谭岚老师为三年级孩子和老师执教了主题单元整合课。接着，又听了一节军响小学老师上的品社课——京城四季歌。两节课后，我们齐坐会议室分别以这两节课为载体，就两校的教学方向及课程建设进行了研究与探讨。谭岚老师清晰地阐述了整合课的设计思路和达成的目标，张秀芬老师把主题单元学习的课型和具体做法与老师进行了探讨与交流。史主任在整体介绍了主题单元教学及取得的成果之后，又详细地介绍了我校语文课程体系的建设。安海霞老师对军响小学青年教师所讲的《京城四季》寄予了深入的分析和指导。军响小学的张校长主要表达了对我校的感谢，还请宋校长做工作上的引领。

宋校长从评课、队伍建设、两校长远规划和发展等方面进行了引领。本次活动直至12:30才暂告一段落，但是，城乡两校的互帮、互助、共谋发展的路还会走得更远！

第三节　课程改革为教师成长搭台

一、登上"千课万人"大讲台

2016年11月10—14日，实验二小永定分校数学团队来到美丽的西子湖畔——杭州参加千课万人核心素养下的小学数学"发展课堂"观摩研讨会。与以往不同的是谭青秀老师首次走上了"千课万人"这个全国范围高规格的展示舞台。她作为华应龙教学团队代表与师傅、师妹三人行同课异构，现场执教《认识面积》一课。

在课堂上，谭老师从度量的角度，准确把握学生的"最近发展区"，巧妙设计相应的数学活动，点拨着学生从未知走向已知；通过"围一围""涂一涂""摸一摸""刷一刷"等活动，学生经历了动手操作、抽象概括、数学思维的能力得到发展和提升，学生个个兴趣盎然，学得津津有味，还不时发出童言妙语，思维活跃。课堂中，谭老师进退有度的把控，浸润着我校的课堂文化，传递着我校的教育理念，赢得了与会专家曹培英老师和吕玉英博士的好评。

在学校领导和各位家人的信任和支持下，在华应龙名师工作室团队的专业引领下，实验二小永定分校数学团队为一个目标团结合作，群策群力，精研细磨。理越辩越明，术越析越清，收获了经验与历练，看到了自己的成长，收获了爱的大家庭中的幸福感。相信在我们爱的大家庭里，会绽放更多的新生代名师。

二、骨干教师刘晓静捧得"创新杯"

2016年10月17日，全国第四十五届创新杯，在四川成都召开。实验二小永定分校刘晓静老师执教《"柳"和送别诗》参加本次大赛的语文课堂教学比赛。这节课即展现了学校语文实践类课程的研究成果，也体现了语文教学的创新性。大赛中，刘晓静老师在课堂上表现得大气、儒雅，展现了实验二小永定分校教师的风采。学生在老师的带动下，积极思考，踊跃发言。这也是我们备课中，注重学生的主体性，在教学设计中充分考虑学生的认知水平与身心发展规律。

刘晓静老师在此次比赛中一举夺得大奖，捧回了"创新杯"。我们在学校课程改革中为老师们创造了更多展示的平台，扎实落实祥云计划，为学校培养自己的名师奠定基础。

三、识字教学结硕果，青年教师展风采

2016年12月18—19日，全国第三届小学语文低年级识字与阅读教学观摩研讨会在深圳市罗湖区螺岭外国语实验学校举行。实验二小永定分校一年级语文教师任芳老师在教科室张主任的陪同下参加了本次活动，同时任芳老师受邀执教了人教版一年级上册《小小的船》识字教学展示课。课上任老师的识字教学

凸显了实验二小永定分校《主题拓展识字》教学改革成果，这节课得到了人民教育出版社编审，教育部课程教材研究所研究员，教育部语文课程标准专家组核心成员，小语界泰斗崔峦先生的充分肯定，并给予"容量大、办法多、效果好"的高度评价。也正是由于学校课堂文化的融入，这个班的学生是唯一得到崔先生充分肯定的学生。

随着课堂教学改革的不断深入，青年教师会不断地成长起来，也将有更多的老师走上展示的舞台。

四、团结奋进的英语教师团队

实验二小永定分校有一支年轻有为、团结奋进的英语教师队伍，他们在多年的英语课程改革中经过历练迅速成长起来！

区级骨干张秀静老师代表学校参加了实验二小教育集团第三届"大爱杯"的角逐，张老师清新靓丽的执教风格在大赛中脱颖而出获得"大爱杯"。张秀静老师是本次大赛中英语学科唯一夺杯的教师。

何新、客迪、屈坤鹏等区级骨干教师也曾多次参加全国各种展示活动，并取得优异的成绩与效果。

第四节　丰富的课程让学生的天空更广阔

一、课程改革全面提升学生素养

（一）三个"三分之一"的故事

2016年7月6日门头沟区教委和区教师研修中心举办了《门头沟区首

届小学生语文学科综合实践活动展演》。这次展演汇集了由专业评委在全区各校精心准备的节目中评选出的优秀节目。在本次展演中实验二小永定分校的舞蹈《咏鹅》、吟诵《千字文》、歌舞表演《唐诗新诵》、表演剧《杨志卖刀》、歌舞剧《花木兰》登台展示，展演中这些剧目的舞美设计、学生表演、音响效果及创意受到了全场的一致赞扬。其中，《唐诗新诵》是本次活动的开场节目。

在本次活动中，实验二小永定分校的节目占了全场演出的三分之一；参加演出的学生人数占整台演出人数的三分之一；本次演出邀请了各方面嘉宾观看演出，由于实验二小永定分校参加展演的节目剧目和学生多，因此，很多学生家长被邀请作为嘉宾参加了本次活动，被邀请参加展示活动的家长占全体观众的三分之一。

（二）抢答器上的双保险

2016年10月28日，华师教育研究院小学课程研究中心主办的第二届"京萌杯"小学语文知识与能力竞赛在顺义区杨镇中心小学举行，来自中国课程建设基地联盟的16所学校分别派出选手参赛。实验二小永定分校派出了由张浩然、林雨欣、谭连康三名同学组成的代表队参加比赛。

比赛紧张激烈地进行着，在个人必答与小组合作部分的竞赛中，实验二小永定分校的三位小选手成绩一直处于领先地位。可是到了抢答环节，三位小选手竞赛试题没有难住他们，而对抢答滞后却让他们的比分一路落后了。小选手们情急之时沉着冷静，把几只小手摞在一起按在抢答器上，这个团结协作的好方法使得小赛手们抢答屡屡成功，最后，他们荣获了本次大赛的一等奖。

（三）张老师和小诗人

张付祥是我校一名年轻教师，才华横溢，热爱孩子们，在他的带领下，他班的孩子们爱上了写诗，一首首稚嫩充满童趣的小诗从他们笔尖流淌，学校为这个班的学生出版了专集《点点星光》。

去年开始，张老师带领他的孩子们开始了对《叩响诗歌大门》的探究与学习，这为学生们打开了热爱格律诗与学写格律诗的大门。他们班创建的微信期刊《诗和远方》吸引着孩子们，期刊已经发表到第40期。

（四）数学实践活动让学生收获人生新体验

2016年2月28日，由《中小学数学报》组织的数学解题能力读者展示活动分赛区在北京第二实验小学永定分校开展。本次活动竞赛组委会为学生提供了一次数学综合实践活动的体验。本次活动是在全北京市范围内开展的，然而河北省、浙江省、陕西省等各地选手也积极报名参加活动。

通过与各大教育机构的学生们一起角逐，我校有9位同学获得一等奖的好成绩，二等奖72人，三等奖94人。同时，我校还被评为"优秀组织奖"。在颁奖典礼上谭主任被邀请参加现场点评。希望实验二小永定分校的孩子们再接再厉，努力践行让每个孩子都精彩的核心价值观！！！

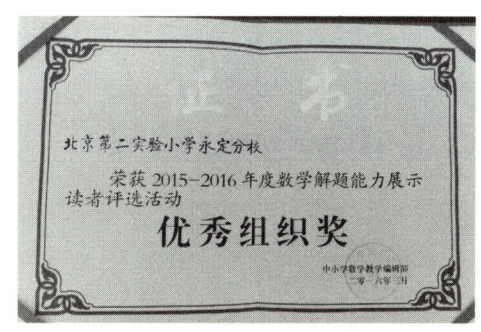

（五）外语游园会上的精彩演出

北京市民外语游园活动是首都国际语言环境建设的重要组成部分，是全市唯一以"外语交流学习"为主题的大型游园活动，从2002年至今已成功举办多次，吸引了广大市民和在京外籍人士的热情参与，受到中央电视台、新华社、人民日报、北京电视台、北京日报、纽约时报等数十家中外媒体的高度关注，2015年以"用世界语言 讲北京故事"为主题，于10月24—25日在北京朝阳公园举办。实验二小永定分校英语剧《花木兰》应邀演出。

接到通知后，全体英语老师和外教一起，利用自己的休息时间，给孩子们进行排练，特别是在口语和表现力上。活动当天，王春丽主任和全体英语老师及家属们提前来到学校，给学生们化妆，并强调演出的细节。虽然演出当天气温很低，但是掩盖不住老师和孩子们的热情，孩子们精彩的表演赢得了在场观众的一次次掌声！

此次活动激发了学生们学习英语的积极性，充分展示了学生的自主、自理、自信、自强的学生文化。

（六）科技起航，智创未来

电子与信息创意实践活动是北京市教委为贯彻落实《中共中央关于全面深化改革若干重大问题的决定》精神，全面贯彻党的教育方针，坚持立德树人，加强社会主义核心价值体系教育，增强学生社会责任感、创新精神、实践能力。而组织的一项传统竞赛项目，实验二小永定分校做为学校第三届科技节重要组成部分。

学校智能控制与单片机社团组建已有三年多的时间了，在这期间参加了区、市、国家各级各类比赛取得了优异的成绩，同时在本学期开设了"创客总动员课程"更是把学生对于智能控制与单片机的理解和应用水平提升到了一个更高的层次，所以我们把这次北京市竞赛作为我校第三届科技节的重要组成部分。经过学校竞赛的选拔，学校组成了12位同学参加这次北京市竞赛，分别参加现场编程和太空运矿两个项目。

12月4日，学校科技小组的同学们，在学生发展中心的杜校长和品科劳办公室唐老师的带领下，一行14人踏上了这次比赛的争途。在比赛过程当中我们的学生已经脱去了以往比赛时的羞涩和紧张，带是满满的自信进行各种准备工作，在竞赛过程中更是认真对待每一个任务，争取发挥出自己最佳水平。每个学生都在这次竞赛中取得了自己想要的成果。

单片机技术的应用,为学校在今后创客教育的发展提供了坚实的基础,相信在不久的将来,学生将会在更大的舞台上展现学校科技教育的累累硕果。

二、艺术蓓蕾初绽放

(一)合唱团唱响北京音乐厅

2016年5月,实验二小永定分校合唱团60名同学参加了北京市第十九届学生艺术节合唱展演比赛,与众多优秀的合唱团交流进行了演出,这是永定分校合唱团第一次获得全区艺术节合唱比赛的一等奖,有这个机会代表门头沟区参加全市比赛,可喜可贺的是初登全市的舞台,同学们就摘得金奖。同学们走出校门,拓宽了视野,同时在弘扬学校的文化建设,锻炼合唱团队伍,促进合唱团今后的发展方面获益匪浅。

比赛场上,60名团员个个精神抖擞,神采飞扬,第一次登上专业音乐厅舞台前的紧张和不安,在音乐开始以后渐渐放松。当前奏音乐响起,所有同学都沉浸在美好的音乐当中。当演唱完两首歌曲的最后一个音符,全场响起了热烈的掌声,评委老师点评合唱团是本组内实力最强最有亮点的学校。

在勇往直前的道路上,师生们不断追求卓越,在付出中只求做到跟自己赛跑,却收获了一颗巨大可喜的硕果。这是合唱团,也是实验二小永定分校一直秉承的精神,让每个学生都精彩,合唱团的精彩是属于每一个合唱团队员的精彩,第一次的收获只是漫长征途的开始,祝愿我们实验二小永定分校合唱团能够在音乐的道路上越走越好,超越自我!

(二)《美猴王》勇夺"国戏杯"金奖

在2016年11月26日的早上,从实验二小永定分校学校发展中心传来特大喜讯:学校京剧原创作品《美猴王》荣获了市级展演奖!经历了为时一年努力的老师、孩子和家长们听到这一喜讯兴奋至极,这是学校课程改革获得的又一重大成果!

从2015年的寒假开始,每周日总有一群孩子在学校舞蹈教室刻苦排练,他们就是原创猴戏作品《美猴王》的小演员们。孩子们利用休息时间来到学校进行排练,从武生的最基本的功法练起,有的动作非常有难度,可孩子们不怕吃苦,认真练习,每次活动都是大汗淋漓,经过半年的苦练,作品终于成型。

练习耍猴棍儿是重头戏,要求人人都要过关,刚开始时,孩子们还真吃了不少苦,许多孩子练习时掌握不好角度棍子打到肩上、胳膊上、腿上,有时还会伤到鼻梁,但孩子们都坚强,揉揉痛处咧咧嘴继续坚持练习。

值得一提的是作品的主角、美猴王的扮演者——艾子杰,是学老生行当的,学习武戏扮演美猴王,对他的挑战极大,京剧的唱、念、做、打四大功夫样样都要学习,没有武术功底的他还要练习劈叉。

为了表现出美猴王精湛的猴棍儿技法,艾子杰暑假期间每天都要坚持练一个小时的猴棍儿,并且提高很快,学会了许多种套路,但是也遇到了一个难题:空中抛棍儿再接住,开始时他总是抛出去接不到。离报名比赛上交视频的时间越来越近了,可接住棍儿的概率只有七成,为保险起见,录像时把这个动作剪掉

了，但这是个亮点动作，不服输的孩子利用课余时间凭借对京剧的热爱，勤加练习，空中抛棍儿接住的概率越来越高，到临近比赛时已达到了无失误的状态。

（三）民乐团登上领奖台

随着学校"育鹰"课程体系的构建，学校为有各种爱好的学生搭建了平台。学校创立的民乐团深受学生喜爱，发展迅速，现有二胡、扬琴、阮、柳琴、琵琶、笛子、大提琴、笙、唢呐、打击乐10个声部，学员60人左右，平时孩子们分声部进行刻苦练习，自本学期开学初，民乐团选拔出35名优秀学员进行了赛前集训，合排《太阳出来照学堂》《欢庆》。在参加第十九届区艺术节比赛中以出色的表现在门头沟的各所小学中脱颖而出，荣获一等奖。

2016年11月26日，实验二小永定分校民乐团的孩子们代表门头沟区参加了北京市的艺术节展演。比赛当天，天气很冷，孩子们穿的是薄薄演出服，但掩盖不住孩子们洋溢的心情，苦练了3年，终于有了展示的舞台，有的孩子尽管发着高烧也不放弃这次比赛。在比赛现场，孩子们表现的非常从容淡定，发挥正常。可是台下的观众和评委们及指挥老师却不知道由于椅子高度不合适，中、低音笙部的万峰聿、付澍恺同学只能以半蹲的姿势进行演奏，两首曲目下来将近10分钟时间，一直保持这个姿势不动，演出完毕走下台后，过了很长时间了，腿还在不住的发抖。我们的孩子太可爱了，真是让人感动。

这次的比赛，让孩子们获得成功的喜悦，开心的同时会变得越来越自信。

三、运动场上逞英豪

每天清晨或下午,是实验二小永定分校运动场上最热闹、最欢乐的时候,足球队、篮球队、乒乓球队、花样跳绳、轮滑、跆拳道都开始了集训。在"育鹰"课程的引领下,这些发展类课程为孩子们的成长提供、搭建了广阔的平台,让饶有特长的孩子们走上了实现梦想之路。

经过几年的训练,一支支队伍在茁壮成长,在市区级举行的篮球、足球、花样跳绳、乒乓球比赛中奋力拼搏取得了好成绩,收获了成功。

2016年12月,实验二小永定分校小小足球队应区体育局邀请到广州参加了为期12天的集训。在集训中,孩子们阳光大气、虚心好学,使得技能与身心都得到了锻炼与提升!

附录一：永定地区历任校长

永定地区教育先驱刘化南　1914—1934年
张　贵校长　解放战争初期（具体年代不详）
王子馨校长　1953—1955年
赵　贵校长　1955—1958年
马桂荣校长　1958—1963年
刘丰忠校长　1963—1965年
肖道和校长　1965—1970年
闫洪元校长　1970—1983年
杨福成校长　1983—1991年
艾如民校长　1991—2001年

马留芬校长　2001—2009年　　宋茂盛校长　2009—2017年

附录二：永定地区教育大事记

发生时间	发生事件
1375年	永定地区出现私塾教育
1908年	永定地区创建各村小学
1908年	永定地区教育先驱刘华南到冯村小学任教
1914年	冯村小学被命名为宛平县第六区第十九小学
1981年	冯村小学更名为冯村中心小学 石门营中心小学、稻地中心小学成立
1983年	冯村中心小学、石门营中心小学、稻地中心小学 三校合并为永定中心小学
1998年	永定中心小学附属幼儿园成立
2006年	永定中心小学正式更名为 北京第二实验小学永定分校
2010年	实验二小永定分校迁入新校址
2010年	实验二小永定分校完成地区拆迁完小合并
2013年	永定分校成为北京市"遨游计划"实验学校
2013年	永定分校完成"育鹰课程"顶层设计 课程改革全面展开
2014年	永定分校与台湾中山小学结为姊妹校 学生开始赴台湾地区游学

跋：百年永定　爱育辉煌

校史是对一所学校发展轨迹的真实记录，北京第二实验小学永定分校迄今已经历了108个春秋。

回眸历史，让人感慨万千，是感动，是激励，是奋进！

学校创始人刘化南老先生，在教学中注重因材施教，分类指导，不统一教学进度，每周对孩子测试一次，这样的教育理念也正是我极力推崇的，与我们现在"让每个孩子都精彩"不谋而合。为何出现这种现象？我想，这就是教育的真本！

108年波澜壮阔的历史长河中，北京第二实验小学永定分校也是国家教育从无到有不断发展的缩影。1943年，崔老师作为地下交通员来到学校任教，开始进行爱国主义教育。1944年，白老师不但教授学生知识，还注重培养孩子的动手能力，将教育与生产劳动相结合。在中华人民共和国成立前，学校也经历了反动校长张贵时代，他迎合还乡团，烧掉了边去革命教材。20世纪50年代，王子馨校长、马桂荣校长分别对学校进行了扩建，当时学校成立了腰鼓队，开辟了种植园。回忆当时，再看今天，是何等的相似。借此，我也自豪地说，学校的百年我们传承下来了！

好学校一定要有敬业奉献、大气智慧的教师，108年以来，我们一直不缺少这样的教师：赵玉华老师面对残障学生刘学章不急不躁耐心施教，用多种方法教会了刘学章查字典、写毛笔字，刘学章老人现在想起当年场景记忆犹新；金铁光老师面对不认真写作业的同学，没有直接批评训教，而是在黑板上写了一首打油诗：少年青岁月，不尽早暮身，晚年无成就，低头避故人。意思是说人在少年正是学知识、长技能的时候，如果不用功学习，成年后会一无所成，即使见到了老同学也会低头避开装作没看见。为了能留下教了一辈子一年级的马淑霞老师继续在学校工作，闫洪元老师与武福元老师煞费苦心，成为一段佳话，直至马淑霞老人去世也不知道这段故事。

整理校史、办校史馆起源两年前去台湾地区游学，我们所到之处，无论学校大小都有自己的校史馆，这是对历史的尊重，更是对先人们的教育理念的传承。在此，我特别要感谢武福源、闫洪元、艾建华，他们不顾年迈之身采访搜集，无论严寒酷暑。从他们身上我分明看到一种责任、一种历史的担当、一种执着忘我、一种爱校如家，这不正是我们要传承的精神吗？

尊重历史，了解历史，相信我们定能把先人们的教育思想传承下去，再塑永定新的百年辉煌！

宋茂盛
2017年3月1日

后　记

　　今年是2017年，农历丁酉年（鸡年）。经过实验二小永定分校全体教职工的辛勤努力，我们这本反映实验二小永定分校百年历史的志书终于问世了，这是一件值得庆贺的、对永定分校来说是具有划时代意义的事。

　　100年来，永定地区的教育经历了晚清时期教育的兴起，辛亥革命给当地教育的影响，袁世凯复辟帝制给教育造成的劫难，"五四运动"为教育发展送来的青春气息，抗日战争时期教育为宣传民族解放事业所付出的艰辛，解放战争时期教育为推翻国民党统治，培养人才所作的贡献，1958—1960年教育空前发展，1966—1967年期间教育遭受挫折，改革开放以后特别是"四个面向"给教育带来的蓬勃发展的春天等各个不同发展时期。透过这些历史，仿佛将我们带到了那些既让人感到艰辛、苦难、心酸，又让人激情澎湃、励志向上的久远的岁月；透过这本史书，我们不仅看到了永定地区教育发展的厚重的文化底蕴和清晰的发展脉络，也看到了前辈们为了当地教育发展呕心沥血、教书育人的高尚品格。

　　"前事不忘，后事之师"。永定分校教育100年的历史，为学校今后的发展积累了宝贵的经验；那些为学校发展所做出巨大贡献的前辈更为我们这些教育后辈们作出了榜样，他们的精神境界将激励我们为祖国教育事业的发展奉献一生。

为了编写这本史书，武福源、艾建华、闫洪元等退休老教师克服年老体弱、行动不便等困难，认真细致地访问、回忆、查找、编写资料，表现出了教育前辈一如既往的奉献精神；石明庭老师帮助整理出原始书稿，几经完善；永定分校的全体领导和教师，不怕困难积极参与本书的编写工作，在此对这些在本书编写过程中做出贡献的全体人员表示诚挚的感谢。

由于年代久远、资料保存不全，再加上编者水平有限，在本书编写过程中肯定会有很多不尽如人意的地方，还请大家批评指正和谅解。

石明庭

2017年2月